Gakken

THE LOOSE-LEAF STUDY GUIDE

2

FOR JHS STUDENTS

ルーズリーフ参考書
中2 5教科
改訂版

中学2年生の5教科をまとめて整理する
ルーズリーフ

本書の使い方 HOW TO USE THIS BOOK

ルーズリーフ参考書は，すべてのページを自由に入れ替えて使うことができます。

ノートやバインダーに差し込んで，
勉強したい範囲だけを取り出したり，自分の教科書や授業の順番に入れ替えたり……。
自分の使っているルーズリーフと組み合わせるのもおすすめです。
あなたがいちばん使いやすいカタチにカスタマイズしましょう。

各単元の重要なところが，一枚にぎゅっとまとまっています。

覚えたところや苦手なところをチェックして，
効率よく確認していきましょう。

STEP 1 空欄に用語や数・式を書き込む

あっという間に要点まとめが完成！

➡ 予習型
　授業の前に教科書を読みながら穴埋め

➡ 復習型
　授業を思い出して穴埋め

➡ スピードチェック型
　テスト直前に実力を確認！

＊解答は各教科のおわりにあります。

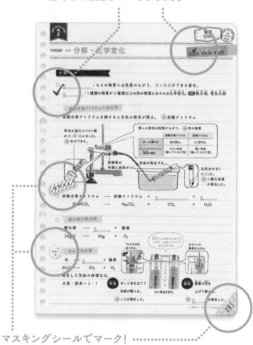

STEP 2 何度も読み返して覚える

余白に補足情報を書き足そう。
└ 授業中の先生の話や，ゴロ合わせなど。

アイコン… ⚠ 注意　🈠 重要　◎ 資料

マスキングシールでマーク！

ルーズリーフのはがし方 HOW TO DETACH A SHEET

注意 ATTENTION

01 最初にリボンを取りはずしてください。
（カバーをはずしてシールをはがすか，はさみで切ってください）

02 はがしたいページをよく開いた状態で，
一枚ずつ端からゆっくりはがしてください。

力を入れて勢いよくひっぱったり，
一度にたくさんのページをはがしたりすると，
穴がちぎれてしまうおそれがあります。

01

02

A LOOSE-LEAF COLLECTION FOR A COMPLETE REVIEW OF ALL 5 SUBJECTS

THE LOOSE-LEAF STUDY GUIDE 2 FOR JHS STUDENTS

ルーズリーフ参考書
中2 5教科
改訂版

社会 SOCIAL STUDIES

国語 JAPANESE

THE LOOSE-LEAF STUDY GUIDE 2 FOR JHS STUDENTS

ルーズリーフ参考書
中2 5教科
改訂版

協力 コクヨ株式会社

編集協力 金子哲, 杉本丈典, 木村紳一, 長谷川健勇, 八木佳子, 坪井俊弘

カバー・本文デザイン LYCANTHROPE Design Lab. ［武本勝利, 峠之内綾］

シールデザイン sandesign 吉本桂子

イラスト キリ, MIWA★, 陽菜ひよ子, こしたかのりこ, 根津あやぼ, タカオエリ

DTP （株）四国写研

図版 木村図芸社, ゼムスタジオ, （有）アズ

写真提供 写真そばに記載, 記載のないものは編集部

時 間 割

学校の時間割や塾の予定などを書き込みましょう。

		月	火	水	木	金	土
登校前							
1							
2							
3							
4							
5							
6							
放課後	夕食前						
	夕食後						

年間予定表

定期テストや学校行事などのほか、個人的な予定も書き込んでみましょう。

4月	
5月	
6月	
7月	
8月	
9月	
10月	
11月	
12月	
1月	
2月	
3月	

1年間の目標　主に勉強に関する目標を立てましょう。

覚えておきたい不規則変化・比較変化

超重要な項目をコンパクトにまとめました。目立つところに入れたり貼ったりして，いつでも確認できるようにしましょう。

不規則動詞の変化　不規則に変化する動詞はまとめて覚える

	原形	現在形	過去形	過去分詞	ing形
☐	be （～である，～になる）	am, is, are	was, were	been	being
☐	break （壊す）	break(s)	broke	broken	breaking
☐	buy （買う）	buy(s)	bought	bought	buying
☐	come （来る）	come(s)	came	come	coming
☐	do （する）	do, does	did	done	doing
☐	eat （食べる）	eat(s)	ate	eaten	eating
☐	get （手に入れる）	get(s)	got	got, gotten	getting
☐	give （与える）	give(s)	gave	given	giving
☐	go （行く）	go(es)	went	gone	going
☐	have （持っている）	have, has	had	had	having
☐	hear （聞こえる）	hear(s)	heard	heard	hearing
☐	know （知っている）	know(s)	knew	known	knowing
☐	leave （去る）	leave(s)	left	left	leaving
☐	read （読む）	read(s)	read [red]	read [red]	reading
☐	run （走る）	run(s)	ran	run	running
☐	say （言う）	say(s)	said	said	saying
☐	see （見る）	see(s)	saw	seen	seeing
☐	send （送る）	send(s)	sent	sent	sending
☐	speak （話す）	speak(s)	spoke	spoken	speaking
☐	swim （泳ぐ）	swim(s)	swam	swum	swimming
☐	take （取る）	take(s)	took	taken	taking
☐	teach （教える）	teach(es)	taught	taught	teaching
☐	tell （話す）	tell(s)	told	told	telling
☐	think （考える）	think(s)	thought	thought	thinking
☐	understand （理解する）	understand(s)	understood	understood	understanding
☐	write （書く）	write(s)	wrote	written	writing

形容詞・副詞の比較変化　つづりの長い単語には more，most をつける。不規則変化にも注意。

	原級	比較級	最上級
☐	bad（悪い）	worse	worst
☐	beautiful（美しい）	more beautiful	most beautiful
☐	big（大きい）	bigger	biggest
☐	bright（明るい）	brighter	brightest
☐	busy（忙しい）	busier	busiest
☐	careful（注意深い）	more careful	most careful
☐	clean（きれいな）	cleaner	cleanest
☐	cold（寒い，冷たい）	colder	coldest
☐	cool（すずしい）	cooler	coolest
☐	difficult（難しい）	more difficult	most difficult
☐	early（早く，早い）	earlier	earliest
☐	easy（簡単な）	easier	easiest
☐	exciting（わくわくさせる）	more exciting	most exciting
☐	expensive（高価な）	more expensive	most expensive
☐	famous（有名な）	more famous	most famous
☐	fast（速く，速い）	faster	fastest
☐	few（少しの）	fewer	fewest
☐	good（よい）	better	best
☐	great（すばらしい）	greater	greatest
☐	happy（幸せな）	happier	happiest
☐	hard（難しい，熱心に）	harder	hardest
☐	heavy（重い）	heavier	heaviest
☐	high（高い，高く）	higher	highest
☐	hot（暑い，熱い）	hotter	hottest
☐	important（重要な）	more important	most important
☐	interesting（興味深い）	more interesting	most interesting

	原級	比較級	最上級
☐	large（大きい）	larger	largest
☐	late（遅い，遅く）	later	latest
☐	light（軽い）	lighter	lightest
☐	little（小さい，少し）	less	least
☐	long（長い，長く）	longer	longest
☐	loud（[音が]大きい）	louder	loudest
☐	many（[数が]多数の）	more	most
☐	much（[量が]多量の）	more	most
☐	near（近い）	nearer	nearest
☐	new（新しい）	newer	newest
☐	nice（すてきな）	nicer	nicest
☐	old（古い，年をとった）	older	oldest
☐	popular（人気のある）	more popular	most popular
☐	pretty（かわいい）	prettier	prettiest
☐	safe（安全な）	safer	safest
☐	short（短い）	shorter	shortest
☐	simple（簡単な）	simpler	simplest
☐	slow（遅い）	slower	slowest
☐	small（小さい）	smaller	smallest
☐	soon（すぐに）	sooner	soonest
☐	strong（強い）	stronger	strongest
☐	tall（[背が]高い）	taller	tallest
☐	useful（役に立つ）	more useful	most useful
☐	warm（暖かい，温かい）	warmer	warmest
☐	well（上手に）	better	best
☐	wide（広い）	wider	widest

中2数学の超キホン事項

超重要な項目をコンパクトにまとめました。目立つところに入れたり貼ったりして，いつでも確認できるようにしましょう。

式の計算 ―( )は符号に気をつけよう

☐ **同類項のまとめ方**

文字の部分が同じ項を同類項という。

同類項は $ax+bx=(a+b)x$ を使って，

1つの項にまとめられる。

例 $2a+3b+5a-7b=(2+5)a+(3-7)b=7a-4b$

☐ **かっこのはずし方**

+( )	$+(a+b) \rightarrow +a+b$	$+(a-b) \rightarrow +a-b$
－( )	$-(a+b) \rightarrow -a-b$	$-(a-b) \rightarrow -a+b$
分配法則	$a(b+c) \rightarrow ab+ac$	$a(b-c) \rightarrow ab-ac$

連立方程式 まずは，どちらかの文字を消去しよう

加減法

☐ 左辺どうし，右辺どうしを加減して，

1つの文字を消去する。

例 $\begin{cases} 7x+3y=5 & \cdots\cdots① \\ 2x+y=1 & \cdots\cdots② \end{cases}$

$\begin{array}{l} ① \qquad 7x+3y=5 \\ ②\times3 \;-\!)\; 6x+3y=3 \\ \hline \qquad\quad x \;\;=2 \end{array}$

$x=2$ を②に代入して，

$2\times2+y=1$

$y=-3$

代入法

☐ 一方の式を他方の式に代入して，

1つの文字を消去する。

例 $\begin{cases} 3x+2y=7 & \cdots\cdots③ \\ y=x+6 & \cdots\cdots④ \end{cases}$

④を③に代入して，

$3x+2(x+6)=7, \; 5x+12=7, \; x=-1$

$x=-1$ を④に代入して，$y=-1+6=5$

1次関数 式とグラフを見比べよう

☐ **1次関数の式とグラフ**

式 → $y=ax+b$ （$a\neq0$）

グラフ → 傾きが a，切片が b の直線。

- $a>0$ … 右上がり
- $a<0$ … 右下がり

☐ **変化の割合**

$y=ax+b$ の変化の割合は一定で，

a の値に等しい。

変化の割合 $= \dfrac{y\text{ の増加量}}{x\text{ の増加量}} = a$

確率 場合の数をもれや重なりなく数えよう

☐ **確率の求め方**

ことがら A の起こる確率 p → $p = \dfrac{a}{n}$ $\left(\begin{array}{l} a \cdots \text{A の起こる場合の数} \\ n \cdots \text{すべての起こりうる場合の数} \end{array}\right)$

起こらない確率
A の起こる確率を p とすると，
A の起こらない確率 $=1-p$

平行線と角・多角形と角 ▷ 角の関係を図で確認しよう

☐ 平行線と角

$\ell /\!/ m$ ならば
$$\begin{cases} \angle a = \angle c \\ \angle b = \angle c \end{cases}$$

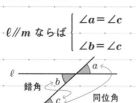

錯角　同位角

☐ 三角形と角

$$\angle a + \angle b + \angle c = 180°$$
$$\angle a + \angle b = \angle d$$

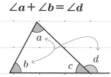

☐ 多角形の内角と外角

n 角形の内角の和	$180° \times (n-2)$
多角形の外角の和	$360°$
正 n 角形の1つの内角	$180° \times (n-2) \div n$
正 n 角形の1つの外角	$360° \div n$

図形の合同 ▷ 等しい辺や角に同じ印をつけよう

☐ 三角形の合同条件

❶3組の辺

がそれぞれ等しい。

❷2組の辺とその間の角

がそれぞれ等しい。

❸1組の辺とその両端の角

がそれぞれ等しい。

☐ 直角三角形の合同条件

❶斜辺と1つの鋭角がそれぞれ等しい。

❷斜辺と他の1辺がそれぞれ等しい。

三角形と四角形 ▷ しっかり覚えて，証明問題で使おう

☐ 二等辺三角形の性質（定理）

二等辺三角形の定義 … 2辺が等しい三角形

❶ 2つの底角は等しい。 → $\angle B = \angle C$

❷ 頂角の二等分線は，底辺を垂直に → $\angle BAH = \angle CAH$ のとき，

2等分する。 $AH \perp BC,\ BH = CH$

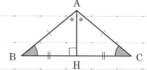

☐ 平行四辺形の性質（定理）

平行四辺形の定義 … 2組の対辺がそれぞれ平行な四角形

❶ 2組の対辺はそれぞれ等しい。 → $AB = DC,\ AD = BC$

❷ 2組の対角はそれぞれ等しい。 → $\angle A = \angle C,\ \angle B = \angle D$

❸ 対角線はそれぞれの中点で交わる。 → $OA = OC,\ OB = OD$

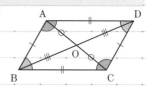

いつでもチェック！
重要シート

中2理科の超キホン事項

超重要な項目をコンパクトにまとめました。目立つところに入れたり貼ったりして, いつでも確認できるようにしましょう。

コレだけ！ 電気 ▶ どんなに複雑な回路も直列回路と並列回路の組み合わせでとらえられるよ

回路の電流・電圧・抵抗

回路図	直列回路	並列回路
電流	□ $I=I_1=I_2$	□ $I=I_1+I_2$
電圧	□ $V=V_1+V_2$	□ $V=V_1=V_2$
抵抗	□ $R=R_1+R_2$	□ $R<R_1,\ R<R_2$ $\quad \dfrac{1}{R}=\dfrac{1}{R_1}+\dfrac{1}{R_2}$

直列回路の回路図: V_1, V_2, R_1, R_2, R, $I_1 \rightarrow$, $I_2 \rightarrow$, $\leftarrow I$, V

並列回路の回路図: I_1, V_1, R_1, I_2, R_2, R, V_2, $\leftarrow I$, V

オームの法則

□ 電圧 V [V] ＝抵抗 R [Ω] ×電流 I [A]

$$電流\ I[\mathrm{A}]=\frac{電圧\ V[\mathrm{V}]}{抵抗\ R[\Omega]}$$

$$抵抗\ R[\Omega]=\frac{電圧\ V[\mathrm{V}]}{電流\ I[\mathrm{A}]}$$

電流のまわりの磁界

□ 右ねじの法則

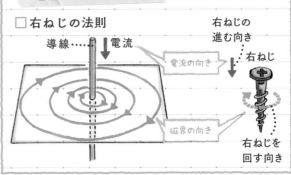

導線・・・・ ▌電流

右ねじの進む向き

電流の向き

右ねじ

磁界の向き

右ねじを回す向き

電力と電気エネルギー

□ 電力 [W] ＝電流 [A] ×電圧 [V]

□ 熱量 [J] ＝電力 [W] ×時間 [s]

⚠ 水 1 g の温度を 1 ℃上昇させるのに必要な熱量は約 4.2 J。

□ 電力量 [J] ＝電力 [W] ×時間 [s], 電力量 [Wh] ＝電力 [W] ×時間 [h]

湿度 ▶ 湿度は空気の湿りぐあいのこと

$$□\ 湿度\ [\%]=\frac{1\,\mathrm{m}^3\ の空気に含まれる水蒸気の質量\ [\mathrm{g/m}^3]}{その空気と同じ気温での飽和水蒸気量\ [\mathrm{g/m}^3]}\times 100$$

おもな元素 ▶ 元素記号を覚えよう！

元素	元素記号	元素	元素記号
□水素	H	□ナトリウム	Na
□酸素	O	□アルミニウム	Al
□硫黄	S	□マグネシウム	Mg
□炭素	C	□鉄	Fe
□窒素	N	□銅	Cu
□塩素	Cl	□銀	Ag

おもな化学式 ▶ 右下の数字は原子の数を表すよ

物質	化学式	物質	化学式
□酸素	O_2	□二酸化炭素	CO_2
□水素	H_2	□アンモニア	NH_3
□窒素	N_2	□炭酸水素ナトリウム	$NaHCO_3$
□水	H_2O	□炭酸ナトリウム	Na_2CO_3
□酸化銅	CuO	□塩酸（塩化水素）	HCl
□酸化銀	Ag_2O	□塩化ナトリウム	$NaCl$
□硫化鉄	FeS	□塩化銅	$CuCl_2$

おもな化学反応式 ▶ 式の左辺と右辺で、原子の種類と数は変わらない！

□ 炭酸水素ナトリウムの熱分解

$$2NaHCO_3 \longrightarrow Na_2CO_3 + CO_2 + H_2O$$
炭酸水素ナトリウム　　炭酸ナトリウム　二酸化炭素　水

□ 酸化銀の熱分解

$$2Ag_2O \longrightarrow 4Ag + O_2$$
酸化銀　　　銀　　酸素

□ 水の電気分解

$$2H_2O \longrightarrow 2H_2 + O_2$$
水　　　　水素　　酸素

□ 鉄と硫黄が結びつく変化

$$Fe + S \longrightarrow FeS$$
鉄　　硫黄　　　硫化鉄

□ 水素と酸素が結びつく変化（水素の燃焼）

$$2H_2 + O_2 \longrightarrow 2H_2O$$
水素　　酸素　　　　水

□ 銅の酸化

$$2Cu + O_2 \longrightarrow 2CuO$$
銅　　酸素　　　　酸化銅

□ マグネシウムの酸化（マグネシウムの燃焼）

$$2Mg + O_2 \longrightarrow 2MgO$$
マグネシウム　酸素　　　酸化マグネシウム

□ 炭素の酸化（木炭の燃焼）

$$C + O_2 \longrightarrow CO_2$$
炭素　　酸素　　　二酸化炭素

□ 酸化銅の炭素による還元

$$2CuO + C \longrightarrow 2Cu + CO_2$$
酸化銅　　炭素　　　銅　　二酸化炭素

□ 酸化銅の水素による還元

$$CuO + H_2 \longrightarrow Cu + H_2O$$
酸化銅　　水素　　　銅　　水

□ 硫酸と塩化バリウム水溶液の反応

$$H_2SO_4 + BaCl_2 \longrightarrow BaSO_4 + 2HCl$$
硫酸　　塩化バリウム　　硫酸バリウム　塩酸（塩化水素）

□ 炭酸水素ナトリウムと塩酸の反応

$$NaHCO_3 + HCl \longrightarrow NaCl + CO_2 + H_2O$$
炭酸水素ナトリウム　　塩酸　　　塩化ナトリウム　二酸化炭素　　水

地理・歴史の超キホン事項

超重要な項目をコンパクトにまとめました。目立つところに入れたり貼ったりして、いつでも確認できるようにしましょう。

コレだけ！日本の地名 ・・・位置も押さえておこう！

北海道地方	中部地方
東北地方	近畿地方
関東地方	九州地方
中国・四国地方	

- ☐ ①知床半島
- ☐ ②根釧台地
- ☐ ③十勝平野
- ☐ ④奥羽山脈
- ☐ ⑤三陸海岸
- ☐ ⑥利根川
- ☐ ⑦房総半島
- ☐ ⑧信濃川
- ☐ ⑨日本アルプス
- ☐ ⑩富士山
- ☐ ⑪琵琶湖
- ☐ ⑫紀伊山地
- ☐ ⑬瀬戸内海
- ☐ ⑭讃岐平野
- ☐ ⑮筑後川
- ☐ ⑯阿蘇山

日本海　太平洋

コレだけ！日本の諸地域 ・・・超重要項目！

九州地方

- ☐ 筑紫平野で稲作，シラス台地で畜産。
- ☐ 北九州工業地域。各地にIC工場進出。
  　（地帯）

中部地方

- ☐ 越後平野で米，甲府盆地でくだもの。
- ☐ 中京工業地帯は日本一の工業出荷額。

中国・四国地方

- ☐ 高知平野で促成栽培。広島湾でかき。

関東地方

- ☐ 東京は日本の首都。周辺で近郊農業。

近畿地方

- ☐ 大阪で卸売業。京都・奈良は古都。

東北地方

- ☐ 日本の穀倉地帯。三陸海岸で養殖業。

北海道地方

- ☐ 石狩平野で稲作，十勝平野で畑作，根釧台地で酪農。先住民族はアイヌの人々。

各時代の超重要事項 ▶ 各時代の本当に大切なところだけ押さえよう。

近世のヨーロッパ

☐ **大航海時代：コロンブス，**
　　　　　　└─ カリブ海の島（西インド諸島）。

　バスコ゠ダ゠ガマ，マゼラン船隊
　　　└─ インド航路。　　　└─ 世界一周。

☐ **16世紀，宗教改革：ルター，カルバン**

鉄砲とキリスト教の伝来

☐ **鉄砲：1543年，種子島に漂着**
　したポルトガル人が伝える

☐ **キリスト教：1549年，**
　フランシスコ゠ザビエルが伝える

安土桃山時代

● **織田信長の統一事業** ──→ ● **豊臣秀吉の統一事業**

　☐ **1573年，室町幕府を滅ぼす**　　　☐ **太閤検地，刀狩 ➡ 兵農分離**

　☐ **安土城下で楽市・楽座**　　　　　☐ **朝鮮侵略：明の征服を目指した**

江戸時代

☐ **1603年，徳川家康が征夷大将軍となり，江戸幕府を開く**

　☐ **武家諸法度で大名を統制，☐ 参勤交代，☐ 鎖国の体制**

　● **幕府の主な政治改革**　　　　└─ 1年おきに領地と江戸を往復。

享保の改革	8代将軍徳川吉宗
田沼の政治	老中田沼意次
寛政の改革	老中松平定信
天保の改革	老中水野忠邦

　● **開国と幕府の滅亡**

　☐ **1853年，ペリーが浦賀に来航**

　☐ **1854年，日米和親条約 ➡ 開国**

　☐ **1858年，日米修好通商条約 ➡ 貿易開始**

　☐ **1867年，15代将軍徳川慶喜が大政奉還**

参勤交代は，費用がかかってタイヘン！

明治時代

☐ **五箇条の御誓文：新しい政治の方針 ➡ 版籍奉還・廃藩置県**
　　　　　　　　　　　　　　　　　　└─ 藩主に土地と人民を政府に返させた。

☐ **明治維新の三大改革：学制・徴兵令・地租改正**

☐ **1889年，大日本帝国憲法の発布**

☐ **1894年，日清戦争 ➡ 下関条約 ➡ 三国干渉**

☐ **1904年，日露戦争 ➡ ポーツマス条約**

（学研写真資料）

地券を発行し，土地の所有者に地価の3％の地租を現金で納めさせた。

国語 JAPANESE

ラストレッスン！
重要ポイント

テストに出る古典文法の活用

超重要な項目をコンパクトにまとめました。目立つところに入れたり、貼ったりして、いつでも確認できるようにしましょう。

助動詞の活用① 意味・活用形・接続がポイント

意味	基本形	用例	未然形	連用形	終止形	連体形	仮定形	命令形	主な接続
受け身・可能・自発・尊敬	れる	呼ばれる	れ	れ	れる	れる	れれ	れろ／れよ	動詞の未然形（五段・サ変）
	られる	来られる	られ	られ	られる	られる	られれ	られろ／られよ	動詞の未然形（上一段・下一段・カ変）
使役	せる	読ませる	せ	せ	せる	せる	せれ	せろ／せよ	動詞の未然形（五段・サ変）
	させる	着させる	させ	させ	させる	させる	させれ	させろ／させよ	動詞の未然形（上一段・下一段・カ変）
推量・意志・勧誘	う	語ろう	○	○	う	（う）	○	○	動詞（五段）・形容詞・形容動詞の未然形
	よう	見よう	○	○	よう	（よう）	○	○	動詞の未然形（五段以外）
否定（打ち消し）	ない	行かない	なかろ	なかっ／なく	ない	ない	なけれ	○	動詞の未然形
	ぬ（ん）	ならぬ（ならん）	○	ず	ぬ（ん）	ぬ（ん）	ね	○	動詞の未然形
否定の推量・否定の意志	まい	降るまい	○	○	まい	（まい）	○	○	※動詞の終止形
過去・完了・存続・想起（確認）	た	行った	たろ	○	た	た	たら	○	動詞・形容詞・形容動詞の連用形

※五段以外の動詞のときには、未然形にも接続する。

助動詞の活用② 意味・活用形・接続がポイント

	意味	基本形	用例	未然形	連用形	終止形	連体形	仮定形	命令形	主な接続
☐	断定	だ	本だ	だろ	だっ / で	だ	(な)	なら	○	体言
☐		です	本です	でしょ	でし	です	(です)	○	○	助詞「の」
☐	丁寧	ます	歩きます	ませ / ましょ	まし	ます	ます	ますれ	(ませ) / (まし)	動詞の連用形
☐	推定・様態	そうだ	降りそうだ	そうだろ	そうだっ / そうで / そうに	そうだ	そうな	そうなら	○	動詞の連用形 / 形容詞・形容動詞の語幹
☐		そうです	降りそうです	そうでしょ	そうでし	そうです	(そうです)	○	○	
☐	伝聞	そうだ	降るそうだ	○	そうで	そうだ	○	○	○	動詞・形容詞・形容動詞の終止形
☐		そうです	降るそうです	○	そうでし	そうです	(そうです)	○	○	
☐	推定・比喩	ようだ	降るようだ	ようだろ	ようだっ / ようで / ように	ようだ	ような	ようなら	○	動詞・形容詞・形容動詞の連体形 / 助詞「の」
☐		ようです	降るようです	ようでしょ	ようでし	ようです	(ようです)	○	○	
☐	推定	らしい	降るらしい	○	らしかっ / らしく	らしい	らしい	(らしけれ)	○	動詞・形容詞の終止形 / 形容動詞の語幹・体言

THE
LOOSE-LEAF
STUDY GUIDE
2
FOR JHS STUDENTS

中2
英語
ENGLISH

A LOOSE-LEAF COLLECTION
FOR A COMPLETE REVIEW OF ALL 5 SUBJECTS
GAKKEN PLUS

THE LOOSE-LEAF STUDY GUIDE
★★
GAKKEN
-PLUS-

学習内容

学習項目	学習日	テスト日程
1 be 動詞の過去形 / 過去進行形		
2 be going to 〜		
3 未来を表す will / Will you 〜?(依頼)		
4 look, show, call などの文		
5 to ＋動詞の原形		
6 動名詞(動詞の ing 形) / how to 〜などを 使った文		
7 have to 〜 / must		
8 許可・依頼・申し出などの表現		
9 接続詞		
10 There is[are] 〜.		
11 比較 ①		
12 比較 ②		
13 受け身		
14 現在完了形		

TO DO LIST

やることをリストにしよう! 重要度を☆で示し,できたら□に印をつけよう。

□ ☆☆☆   □ ☆☆☆

□ ☆☆☆   □ ☆☆☆

□ ☆☆☆   □ ☆☆☆

□ ☆☆☆   □ ☆☆☆

No.　英語　ENGLISH
Date

THEME be動詞の過去形 / 過去進行形

まだまだ ✓ / もう少し ✓ / ばっちり ✓

be動詞の過去形の使い方

☐ 「～だった」「～にいた」という過去のことは，be 動詞の過去形(was か were)で表す。

現在の文 I am busy now.　　　　　（私は今，忙しいです。）

過去の文 I was free an hour ago.　（私は 1 時間前はひまでした。）
　　　　　 └ amの過去形

☐  be 動詞の過去形の使い分け

主 語	現在形	過去形	主 語	現在形	過去形
I	am	01	He / She / It など	is	03
You / We / They など	are	02			

教科書 CHECK 📝 教科書に出ている，be 動詞の過去形の文を書こう！

```
_____ ページ
```

否定文・疑問文のつくり方

☐ 否定文は was, were のあとに not を入れる。疑問文は Was, Were で文を始める。

否定文 I was not at home yesterday.　（私は昨日，家にいませんでした。）
　　　　 └─ was, wereのあとにnot

疑問文 Were you in Osaka yesterday?　（あなたは昨日，大阪にいましたか。）
　　　　 └ Was, Wereで文を始める

　　　　 ── Yes, I was. / No, I wasn't.

　　　　 （はい，いました。／いいえ，いませんでした。）

💡 was not の短縮形は wasn't,
were not の短縮形は weren't。

単語 CHECK 📝 新出単語をまとめよう！

◆単語◆	◇意味◇	◆単語◆	◇意味◇
☐		☐	
☐		☐	
☐		☐	

No.

Date

英語
ENGLISH

GAKKEN PLUS

THEME **be 動詞の過去形 / 過去進行形**

過去進行形とは

□「（そのとき）〜していた」のように，過去のある時点に進行中だった動作を表す。

例 My brother was watching TV then.

（私の兄［弟］はそのとき，テレビを見ていました。）

過去進行形のつくり方

□過去進行形は，be 動詞の過去形（was, were）のあとに動詞の ing 形を続ける。

否定文は was, were のあとに not を入れる。疑問文は Was, Were で文を始める。

ふつうの文 He was reading a book then. （彼はそのとき本を読んでいました。）
　　　　　　be動詞の過去形　動詞のing形

否定文 He wasn't reading a book then. （彼はそのとき本を読んでいませんでした。）
　　　　　was, wereのあとにnot　　wasn't は was not の短縮形！

疑問文 Was he reading a book then? （彼はそのとき本を読んでいましたか。）
　　　　　Was, Wereで文を始める　　答え方は，be 動詞の過去形の疑問文のときと同じ

教科書 CHECK 教科書に出ている，過去進行形の文を書こう！

_____ ページ

□ **過去進行形の形**

主　語	be 動詞の過去形	動詞の ing 形
I	04	
You / We / They など	05	playing 〜. など
He / She / It など	06	

□ **いろいろな動詞の ing 形**

動　詞	ing 形
watch （見る）	07
have （食べる）	08
swim （泳ぐ）	09

単語 CHECK 新出単語をまとめよう！

◆ 単語 ◆	◇ 意味 ◇	◆ 単語 ◆	◇ 意味 ◇
□		□	
□		□	
□		□	

THEME **be going to 〜**

まだまだ　もう少し　ばっちり

未来の予定の表し方

□ すでに決まっている未来の予定は，〈be going to ＋動詞の原形〉で表す。

現在の習慣　I 　　　　　 play soccer every Sunday. （私は毎週日曜日にサッカーをします。）

未来のこと　I am going to play soccer next Sunday. （私は今度の日曜日にサッカーをする予定です。）

be動詞は主語によって使い分ける。　原形

□ be going to 〜の文

主　語	be 動詞	
I	01	
You / We / They など	02	going to play 〜. など
He / She / It など	03	

to のあとの動詞はいつも原形！

□ 未来の文でよく使われる語句

明日	04	今度の金曜日	06
来週	05	いつか	07

教科書 CHECK　教科書に出ている，be going to 〜の文を書こう！

＿＿＿ページ

否定文のつくり方

□ 否定文は，be 動詞のあとに not を入れる。

例　She isn't going to watch TV tonight. （彼女は今夜テレビを見る予定ではありません。）
　　　　　　　　　　　　　　　　原形

単語 CHECK　新出単語をまとめよう！

◆単語◆	◇意味◇	◆単語◆	◇意味◇
□		□	
□		□	
□		□	

疑問文のつくり方と答え方

☐ 疑問文は be 動詞で文を始める。答えるときも be 動詞を使う。

ふつうの文 Jim is going to visit Brazil. （ジムはブラジルを訪れる予定です。）

疑問文 Is Jim going to visit Brazil? （ジムはブラジルを訪れる予定ですか。）

　be動詞で文を始める　　toのあとの動詞は原形

> be going to ~ の疑問文のつくり方や答え方は, ふつうの be 動詞の文と同じ。do や does は使わない。

　　— Yes, he is. （はい, その予定です。）

　　— No, he isn't. （いいえ, その予定ではありません。）

☐ be going to ~ の疑問文

be 動詞	主 語	
08	you / they など	going to play ~? など
09	he / she / it など	

教科書 CHECK 教科書に出ている, be going to ~ の疑問文を書こう！

_____ページ

疑問詞のある疑問文

☐ What, Where などの疑問詞で文を始める。そのあとに疑問文の形を続ける。

例 What are you going to do next Sunday? （あなたは今度の日曜日に何をする予定ですか。）

　　└ 疑問詞で文を始める

　　— I'm going to see my friend. （私は友達に会う予定です。）

> be going to を使って答える！

Hi.

単語 CHECK 新出単語をまとめよう！

◆ 単語 ◆	◇ 意味 ◇	◆ 単語 ◆	◇ 意味 ◇
☐		☐	
☐		☐	
☐		☐	

THEME 未来を表す will / Will you ～?（依頼）

☑ まだまだ　☑ もう少し　☑ ばっちり

---

willを使った未来の文

□ 今その場で「～します」と決めたことを言うときや，「～でしょう」という未来の予測は，
〈will ＋動詞の原形〉で表す。

未来の文 She will make dinner tonight. （彼女は今夜，夕食を作るでしょう。）

<u>will</u>　<u>動詞の原形</u>

> 会話では短縮形が
> よく使われる。

⚠ 主語が3人称単
数でも，×wills
や×will <u>makes</u>
にはしない！

□ **主語＋ will の短縮形**

I will	01	You will	02	We will	03
He will	04	She will	05	It will	06

□ will は，おもに次の2つの意味で使われる。

➡ 今その場で決めたことを言う

I'll help you.

（私があなたを手伝います。）

➡ 予想・予測を言う

He'll come soon.

（彼はまもなく来るでしょう。）

教科書 CHECK 📝 教科書に出ている，will の文を書こう！

_____ページ

否定文のつくり方

□ 否定文は，will のあとに not を入れる。あとの動詞は原形。

例 Mike won't read this book. （マイクはこの本を読まないでしょう。）

<u>will</u>のあとにnot　won't は will not の短縮形！

単語 CHECK 📝 新出単語をまとめよう！

◆単語◆	◇意味◇	◆単語◆	◇意味◇
☐		☐	
☐		☐	
☐		☐	

THEME 未来を表す will / Will you ～?（依頼）

疑問文のつくり方

☐ 疑問文は Will で文を始める。答えるときも will を使う。

ふつうの文　　It will be rainy this afternoon.　（今日の午後は雨になるでしょう。）

be 動詞の原形は be。

疑問文　Will it　be rainy this afternoon?　（今日の午後は雨になるでしょうか。）

Willで文を始める

　　　　－ Yes, it will.　（はい，なるでしょう。）

　　　　－ No, it won't.　（いいえ，ならないでしょう。）

will notの短縮形

教科書 CHECK　教科書に出ている，will の疑問文を書こう！

_____ページ

willを使った依頼表現

☐ Will you ～? は「～してくれる？」という依頼の意味でも使われる。

例　Will you open the window?　（窓を開けてくれる？）

　　－ Sure.　　　　　　　　　　（いいですよ。）

☐ Will you ～? への応じ方の例

「いいですよ。」	07 S＿＿＿＿＿＿＿＿＿. / No problem.
「もちろん。」	Of 08＿＿＿＿＿.
「わかりました。」	All 09＿＿＿＿＿. / OK.
「すみません，忙しいです。」	10 S＿＿＿＿＿, I'm busy.

単語 CHECK　新出単語をまとめよう！

◆単語◆	◇意味◇	◆単語◆	◇意味◇
☐		☐	
☐		☐	
☐		☐	

THEME **look, show, call などの文**

lookのあとに形容詞が続く文

□「〜（のよう）に見える」は，〈look ＋形容詞〉で表す。

例 You look happy. （あなたはうれしそうに見えます。）
　　　　形容詞

> look at 〜は「〜を見る」，
> 〈look ＋形容詞〉は「〜に
> 見える」という意味。

□ look の文でよく使われる形容詞

| 難しそうに見える | look 01 | うれしそうに見える | look 03 |
| 悲しそうに見える | look 02 | おいしそうに見える | look 04 |

教科書 CHECK 教科書に出ている，〈look ＋形容詞〉の文を書こう！

_____ページ

□ 名詞が続くときは，〈look like ＋名詞〉となる。「〜のように見える」という意味。

例 Mike looks like his father. （マイクは父親のように見えます。→マイクは父親に似ています。）
　　　　　　　　　名詞

> この like は「〜のように」という意味。

becomeのあとに形容詞・名詞が続く文

□「〜になる」は，〈become ＋形容詞〉または〈become ＋名詞〉で表す。

形容詞 He became famous in Japan. （彼は日本で有名になりました。）
　　　　　　　形容詞

名詞 Ellen became a soccer player. （エレンはサッカー選手になりました。）
　　　　　　　　　　名詞

> sound や get も同じように使われる。
> 〈sound ＋形容詞〉は「〜のように聞こえる」，
> 〈get ＋形容詞〉は「〜になる」という意味。

単語 CHECK 新出単語をまとめよう！

◆単語◆	◇意味◇	◆単語◆	◇意味◇

THEME look, show, call などの文

showのあとに「人＋もの」が続く文

□「（人）に（もの）を見せる」は，〈show 人 もの〉で表す。

例 I'll show you my dog. （あなたに私の犬を見せてあげましょう。）
　　　　　 人　　もの

💡 順序がポイント！　show の
あとは，「人」→「もの」の順。

□「（人）に（もの）をあげる」は，〈give 人 もの〉で表す。

例 I gave him a present. （私は彼にプレゼントをあげました。）
　　　　 人　　もの

「人」を表す語が代名詞のときは，
me, him, her などの形を使う！

□　あとに「人＋もの」が続く動詞

彼にメールを送る	05	him an e-mail
彼女に英語を教える	06	her English
あなたに質問をする	07	you some questions

教科書 CHECK 教科書に出ている，〈show 人 もの〉または〈give 人 もの〉の文を書こう！

_____ページ

call A Bの文

💡 A＝B の関係が成り立つ。
me＝Annie の関係になる。

□「A を B（呼び名）と呼ぶ」は，call A B で表す。

例 Please call me Annie. （私のことをアニーと呼んでください。）
　　　　　 A　 B（呼び名）

□　call と同じように使われる動詞

| 彼を有名にする | 08 | him famous |
| 赤ちゃんをリックと名づける | 09 | the baby Rick |

単語 CHECK 新出単語をまとめよう！

◆ 単語 ◆	◇ 意味 ◇	◆ 単語 ◆	◇ 意味 ◇
☐		☐	
☐		☐	
☐		☐	

THEME to＋動詞の原形

まだまだ　もう少し　ばっちり

「〜するために」という意味を表す〈to＋動詞の原形〉

□ to のあとに動詞の原形を続けた形を不定詞といい，

「〜するために」という意味で動作の「目的」を表す。

> 主語が He や She などのときでも，
> to のあとの動詞は原形！

例 He read the book to write the report.

（彼はレポートを書くために
その本を読みました。）

「読んだ」　　　　　　　　　　　「書くために」（目的）

□ Why 〜? の問いに，To 〜. を使って「〜するためです」と目的を答えることもある。

例 Why did you get up so early? （なぜあなたはそんなに早く起きたのですか。）

　　　 − To make breakfast. （朝食を作るためです。）

教科書 CHECK 教科書に出ている，「〜するために」という意味の〈to＋動詞の原形〉の文を書こう！

_____ページ

「〜すること」という意味を表す〈to＋動詞の原形〉

□ 〈to＋動詞の原形〉は「〜すること」という意味でも使われる。

例 I like to play tennis. （私はテニスをすることが好きです。）

例 John wants to visit Kyoto. （ジョンは京都を訪れたいと思っています。）

└「訪れることを欲する」→「訪れたい」

教科書 CHECK 教科書に出ている，「〜すること」という意味の〈to＋動詞の原形〉の文を書こう！

_____ページ

□ 「〜すること」を表す〈動詞＋to 〜〉

〜したい	01	to 〜	〜することを始める	03	to 〜
〜することが好き	02	to 〜			

単語 CHECK 新出単語をまとめよう！

◆単語◆	◇意味◇	◆単語◆	◇意味◇
□		□	
□		□	
□		□	

No.
英語
ENGLISH
THE LOOSE-LEAF STUDY GUIDE
GAKKEN PLUS.
Date

LOOSE-LEAF COLLECTION
2

THEME to＋動詞の原形

「～するための」という意味を表す〈to＋動詞の原形〉

□ 〈to ＋動詞の原形〉は「～するための」「～すべき」の意味で前の(代)名詞を説明する。

名詞を説明する文 I had a lot of homework to do. （私にはするべき宿題がたくさんありました。）

名詞 ⎣_____⎦ 「するべき」

〈to＋動詞の原形〉が homework や something を後ろから説明している！

代名詞を説明する文 He wants something to drink. （彼は何か飲むものを欲しがっています。）

代名詞「何か」 ⎣_____⎦ 「飲むための」

教科書 CHECK 教科書に出ている，「～するための」「～すべき」という意味の〈to＋動詞の原形〉の文を書こう！

_____ページ

「～してうれしい」などの意味を表す〈to＋動詞の原形〉

□ 〈to ＋動詞の原形〉は「～して（うれしい）」などのように，感情の原因や理由なども表す。

例 I'm happy to hear the news. （私はその知らせを聞いてうれしいです。）

形容詞 ⎣_____⎦ 「～を聞いて」

□ 〈to ＋動詞の原形〉の使い方のまとめ

「～するために」	I got up early 04 _____ _____ my homework.
	（私は宿題をするために早く起きました。）
「～すること」	I 05 _____ _____ _____ a photographer.
	（私は写真家になりたいです。）
「～するための」「～すべき」	I had no time 06 _____ _____ .
	（私は昼食を食べる時間がありませんでした。）

宿題するぞ!!

おなか すいた～

単語 CHECK 新出単語をまとめよう！

◆ 単語 ◆	◇ 意味 ◇	◆ 単語 ◆	◇ 意味 ◇
☐		☐	
☐		☐	
☐		☐	

THEME 動名詞（動詞の ing 形）/ how to ～などを使った文

まだまだ　もう少し　ばっちり

動名詞の形と意味

進行形で使う動詞の
ing 形と同じ形。

☐ 動詞に ing をつけて「～すること」の意味を表す場合があり，これを動名詞という。

例　I finished cleaning the room.　（私は部屋をそうじし終えました。）

finish ～ingで「～することを終える」→「～し終える」

例　Sarah enjoyed watching TV.　（サラはテレビを見て楽しみました。）

enjoy ～ingで「～することを楽しむ」→「～して楽しむ」

☐ 目的語に動名詞をとるか，〈to ＋動詞の原形〉をとるかは，動詞によって決まる。

☐ 動名詞だけを目的語にとる動詞

～することを楽しむ	01	～ing
～することを終える	02	～ing
～することをやめる	03	～ing

☐ 〈to ＋動詞の原形〉だけを目的語にとる動詞

| ～したい | 04 | to ～ |
| ～することを望む | 05 | to ～ |

☐ 動名詞も〈to ＋動詞の原形〉も目的語にとれる動詞

～することが好き	like ~ing
	like to ~
～することを始める	start ~ing
	start to ~
	begin ~ing
	begin to ~

教科書 CHECK　教科書に出ている，動名詞の文を書こう！

_____ページ

文の主語になる動名詞

☐「本を読むことは楽しいです」などのように，動詞の ing 形は文の主語にもなる。

動名詞が主語の文　Reading books is fun.　（本を読むことは楽しいです。）

主語

⚠ 動名詞が主語のとき，be 動詞は is か was になる。

単語 CHECK　新出単語をまとめよう！

◆ 単語 ◆	◇ 意味 ◇	◆ 単語 ◆	◇ 意味 ◇
☐		☐	
☐		☐	
☐		☐	

英語
ENGLISH

THEME 動名詞（動詞の ing 形）/ how to ～などを使った文

how to ～

□ 〈how to ＋動詞の原形〉 で 「どのように～するか，～のしかた」 という意味を表す。

例 Do you know how to use this computer? （このコンピューターの使い方を知っていますか。）

どのように使うか→使い方

例 He learned how to make delicious pizza.

彼はおいしいピザの
作り方を習いました。

どのように作るか→作り方

教科書 CHECK　教科書に出ている，how to ～を使った文を書こう！

_____ ページ

その他の疑問詞＋to ～

□ 疑問詞に 〈to ＋動詞の原形〉 を続けると，「何を～すればよいか」 などの意味を表す。

例 I don't know what to do.　（私はどうすればよいかわかりません。）

what to ～で「何を～すればよいか」

例 Do you remember where to go? （あなたはどこへ行けばよいか覚えていますか。）

where to ～で「どこに～すればよいか」

例 We didn't know when to start.　（私たちはいつ始めればよいかわかりませんでした。）

when to ～で「いつ～すればよいか」

□ 「疑問詞 ＋ to ～」 の整理

意　味	疑問詞＋to ～	意　味	疑問詞＋to ～
～のしかた	06　　　　　 to ～	どこに～すればよいか	08　　　　　 to ～
何を～すればよいか	07　　　　　 to ～	いつ～すればよいか	09　　　　　 to ～

単語 CHECK　新出単語をまとめよう！

◆ 単語 ◆	◇ 意味 ◇	◆ 単語 ◆	◇ 意味 ◇
☐		☐	
☐		☐	
☐		☐	

THEME **have to ～ / must**

have to ～

□「～しなければならない」は，have[has] to のあとに動詞の原形を続けて表す。

主語が I, you, 複数 　I have to wait for my sister.
　　　　　　　　　　　└── have toのあとに動詞の原形
（私は姉［妹］を待たなければなりません。）

⚠ 発音に注意する！
have to ～
[f]
has to ～
[s]

主語が3人称単数 　Ellen has to go to the station.
　　　　　　　　　　　　└── has to のあとに動詞の原形
（エレンは駅へ行かなければなりません。）

教科書 CHECK 🖊 教科書に出ている，have[has] to ～の文を書こう！

____ページ

have to ～の否定文・疑問文

□否定文は，have to の前に don't[doesn't] を入れる。「～する必要はない」「～しなくてもよい」という意味。

ふつうの文 　He 　　　　has to get up early. 　（彼は早く起きなければなりません。）

否定文 　He doesn't have to get up early. 　（彼は早く起きる必要はありません。）
　　　　　└── have toの前にdoesn'tを入れる　　⚠ 否定文では，× has to は使わない！ have to にする。

教科書 CHECK 🖊 教科書に出ている，have to ～の否定文を書こう！

____ページ

□疑問文は，Do または Does で文を始める。疑問文では，have to にする。

例 　Do I have to leave now? 　（私はもう出発しなければなりませんか。）
　　　－ Yes, you do. / No, you don't (have to).
（はい，しなければなりません。／いいえ，その必要はありません。）

単語 CHECK 🖊 新出単語をまとめよう！

◆ 単語 ◆	◇ 意味 ◇	◆ 単語 ◆	◇ 意味 ◇
□		□	
□		□	
□		□	

No.

Date

英語
ENGLISH

THE LOOSE-LEAF STUDY GUIDE
★★★
GAKKEN ·PLUS·

LOOSE-LEAF COLLECTION
2

THEME have to ~ / mus

must

□「〜しなければならない」は，must でも表せる。must のあとは動詞の原形が続く。

> 例 Ann must practice tennis hard. （アンは熱心にテニスの練習をしなければなりません。）
>
> <u>mustのあとに動詞の原形</u>
>
> ⚠ 主語が3人称単数でも，✗ Ann musts ~．
> ✗ Ann must <u>practices</u> ~．などとしない！

教科書 CHECK ✏ 教科書に出ている，must の文を書こう！

_____ ページ

mustの否定文

□否定文は must のあとに not を入れる。「〜してはならない」という強い禁止を表す。

> 例 You must not speak Japanese here. （あなたはここでは日本語を話してはいけません。）
>
> 短縮形の mustn't もよく使う！

教科書 CHECK ✏ 教科書に出ている，must の否定文を書こう！

_____ ページ

□must の否定文は，don't have to ~ （〜する必要はない）とは意味が異なるので注意。

・You <u>01</u>   drink it.　　・You <u>02</u>   drink it.

（あなたはそれを飲んではいけません。）　　　（あなたはそれを飲む必要はありません。）

単語 CHECK ✏ 新出単語をまとめよう！

◆ 単語 ◆	◇ 意味 ◇	◆ 単語 ◆	◇ 意味 ◇
☐		☐	
☐		☐	
☐		☐	

THEME 許可・依頼・申し出などの表現

まだまだ　もう少し　ばっちり

Can I ～? / May I ～?

□「～してもいい？」のように気軽に許可を求めるときは，Can I ～? を使う。

「～してもよろしいですか」のように丁寧に許可を求めるときは，May I ～? を使う。

□ 気軽な言い方 ➡ Can I sit here?

（ここにすわってもいい？）

□ 丁寧な言い方 ➡ May I sit here?

（こちらにすわっても
よろしいですか。）

□ 「いいですよ。」と応じるとき

Sure. / OK. / All 01 _____ . / No 02 _____ .

 教科書 CHECK ✎ 教科書に出ている，May I ～? の文を書こう！

_____ページ

Can you ～? / Could you ～?

□「～してくれる？」のように気軽に依頼するときは，Can you ～? を使う。

「～していただけますか」のように丁寧に依頼するときは，Could you ～? を使う。

□ 気軽な言い方

➡ Can you say that again?

（もう1度言ってくれる？）

□ 丁寧な言い方

➡ Could you say that again?

（もう1度言っていただけますか。）

応じ方は，Can I ～? や
May I ～? と同じ。

単語 CHECK ✎ 新出単語をまとめよう！

◆ 単語 ◆	◇ 意味 ◇	◆ 単語 ◆	◇ 意味 ◇
□		□	
□		□	
□		□	

THEME 許可・依頼・申し出などの表現

Shall I ～?

□「（私が）～しましょうか」のように申し出るときは，Shall I ～? を使う。

例 **Shall I bring you some water?** （水を持ってきましょうか。）

□ 応じ方の例

| はい，お願いします。 | Yes, 03 . |
| いいえ，結構です。 | No, 04 . |

Shall we ～?

□「（いっしょに）～しましょうか」のように誘うときは，Shall we ～? を使う。

例 **Shall we go to karaoke?** （カラオケに行きましょうか。）

□ 応じ方の例

| はい，そうしましょう。 | Yes, let's. |
| すみません，できません。 | I'm sorry, I can't. |

教科書 CHECK 教科書に出ている，Shall I ～? または Shall we ～? の文を書こう！

_____ページ

□ 許可・依頼・申し出などの表現のまとめ

許可	「～してもいい?」	05	I ～?
	「～してもよろしいですか」	06	I ～?
依頼	「～してくれる?」	07	you ～?
	「～していただけますか」	08	you ～?
申し出	「（私が）～しましょうか」	09	I ～?
誘い	「（いっしょに）～しましょうか」	10	we ～?

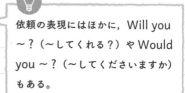

依頼の表現にはほかに，Will you ～?（～してくれる?）や Would you ～?（～してくださいますか）もある。

単語 CHECK 新出単語をまとめよう！

◆単語◆	◇意味◇	◆単語◆	◇意味◇
□		□	
□		□	
□		□	

THEME 接続詞

まだまだ　もう少し　ばっちり

接続詞that

□「私は〜だと思う」は，I think that 〜. で表す。この that は省略も可能。

that の文　I think that **this game is fun.**

（私はこのゲームは）
（楽しいと思います。）

「〜ということ」という意味で文をつなぐ働きをする

that の省略　Do you think he's from Canada?

（あなたは彼はカナダ）
（出身だと思いますか。）

thinkのあとに接続詞のthatが
省略されている。意味は同じ

□　接続詞 that とよく使われる動詞

私は〜だと思う。	I 01　　　　　that 〜.
私は〜だと知っている。	I 02　　　　　that 〜.
私は〜だといいなと思う。	I 03　　　　　that 〜.

教科書
CHECK　教科書に出ている，接続詞 that の文を書こう！

_____ページ

接続詞when

when 〜の部分は，文の後半
でも前半でも OK！

□「〜する［した］とき」というときは，when を使う。

例　I was watching TV when Ken called me.

（ケンが電話をかけてきたとき，）
（私はテレビを見ていました。）

‖　「〜する［した］とき」　主語　動詞

When Ken called me, I was watching TV.

文の前半におくときは，コンマをつける！

教科書
CHECK　教科書に出ている，接続詞 when の文を書こう！

_____ページ

単語
CHECK　新出単語をまとめよう！

◆単語◆	◇意味◇	◆単語◆	◇意味◇
□		□	
□		□	
□		□	

THEME **接続詞**

接続詞 if

□「もし〜ならば」と条件をいうときは，if を使う。

> if 〜の部分は，文の後半でも前半でも OK！

例 Please call me if you're free.　（もしひまなら，私に電話してください。）

= 「もし〜ならば」

If you're free, please call me.

└── 文の前半におくときは，コンマをつける！

□if や when に続く文の中では未来のことも現在形で表す。

例 He'll go to the sea if it is sunny tomorrow.　（もし明日晴れたら，彼は海へ行きます。）

× it <u>will be</u> sunny としない！

教科書 CHECK 教科書に出ている，接続詞 if の文を書こう！

_____ページ

接続詞 because

> because 〜の部分は，文の後半でも前半でも OK！

□「なぜなら〜だから」「〜なので」と理由をいうときは，because を使う。

例 I went to bed early because I was tired.　（私は疲れていたので，早く寝ました。）

「〜なので」

□Why 〜?（なぜ〜か。）の問いに，because を使って理由を答えることもある。

例 Why do you want to be a vet?

（なぜあなたは獣医になりたいのですか。）

− Because I like animals.

（なぜなら，動物が好きだからです。）

単語 CHECK 新出単語をまとめよう！

◆ 単語 ◆	◇ 意味 ◇	◆ 単語 ◆	◇ 意味 ◇
☐		☐	
☐		☐	
☐		☐	

THEME **There is[are] 〜.**

まだまだ　もう少し　ばっちり

There is[are] 〜.

□「〜がある」「〜がいる」は，There is[are] 〜. で表す。

あとに続く名詞が単数のときは is，複数のときは are を使う。

名詞が単数 There is a cup on the table.　（テーブルの上にカップがあります。）

└─ 単数なので，be動詞は is!

名詞が複数 There are two cats under the tree.　（木の下にねこが2匹います。）

└─ 複数なので，be動詞は are!

□ **場所を表す語句**

部屋の中に	01	the room	机の上に	04	the desk
いすの下に	02	the chair	家の近くに	05	my house
壁（の上）に	03	the wall	窓のそばに	06	the window

教科書 CHECK 🖊 教科書に出ている，There is 〜. か There are 〜. の文を書こう！

_____ページ

□ **「〜がある」を表す文**

⚠ 特定のもののときには，There is[are] 〜. は使わない。

• 07 _____ a book on the desk.　• 08 _____ is on the desk.

（机の上に本があります。）　　　　　　　　　（私の本は机の上にあります。）

あなたの本は？

□「〜があった」「〜がいた」のように過去のことは，There was[were] 〜. で表す。

例 There were some eggs in the box.　（箱の中に卵がいくつかありました。）

└─ あとに続く名詞が複数なので，are の過去形 were に

単語 CHECK 🖊 新出単語をまとめよう！

◆ 単語 ◆	◇ 意味 ◇	◆ 単語 ◆	◇ 意味 ◇
☐		☐	
☐		☐	
☐		☐	

THEME **There is[are] 〜.**

There is[are] 〜. の否定文

□There is[are] 〜. の否定文は，is[are]のあとに not を入れる。

または，名詞の前に no をつける。

例 There aren't any stadiums in this town.　（この町には競技場は1つもありません。）

‖　be動詞のあとにnot　否定文ではふつう any を使う。

There are no stadiums in this town.

not any を no
にかえる。

There is[are] 〜. の疑問文

□There is[are] 〜. の疑問文は，Is[Are]で文を始める。

疑問文　Is there a picture on the wall?　（壁に絵がかかっていますか。）

Is[Are]で文を始める

— Yes, there is. / No, there isn't.　（はい，かかっています。／いいえ，かかっていません。）

教科書 CHECK　教科書に出ている，There is[are] 〜. の疑問文を書こう！

_____ページ

□　疑問文への答え方

Is there 〜 ?	Yes, 09 　　　　　　　　　　．	No, 　　　　　　　　　　　．
Are there 〜 ?	Yes, 10 　　　　　　　　　　．	No, 　　　　　　　　　　　．
Was there 〜 ?	Yes, 11 　　　　　　　　　　．	No, 　　　　　　　　　　　．
Were there 〜 ?	Yes, 12 　　　　　　　　　　．	No, 　　　　　　　　　　　．

単語 CHECK　新出単語をまとめよう！

◆ 単語 ◆	◇ 意味 ◇	◆ 単語 ◆	◇ 意味 ◇
□		□	
□		□	
□		□	

THEME 比較 ①

✓ まだまだ　✓ もう少し　✓ ばっちり

比較級の文

Andy　I

□「〜よりも…」は，〈比較級 than 〜〉で表す。

> tall（背が高い）が変化して，taller（もっと背が高い）になった形が比較級

例 I'm taller than Andy. （私はアンディーよりも背が高いです。）

比較級　　thanのあとに比べるものを続ける

教科書 CHECK　教科書に出ている，er のついた比較級の文を書こう！

_____ページ

最上級の文

> tall が変化して，tallest（いちばん背が高い）になった形が最上級

□「〜の中でいちばん…」は，〈the 最上級 of[in] 〜〉で表す。

> of のあとは複数を表す語句，in のあとは場所や範囲を表す語句が続く。

例 I'm the tallest of the three. （私は3人の中でいちばん背が高いです。）

教科書 CHECK　教科書に出ている，est のついた最上級の文を書こう！

_____ページ

比較級・最上級の形

> 副詞も，形容詞と同じように，比較変化する。

□ 比較級は〈形容詞・副詞＋(e)r〉の形，最上級は〈形容詞・副詞＋(e)st〉の形。

□ おもな形容詞の比較級・最上級

原　級	比較級	—	最上級
old（古い）	01	—	
large（大きい）	02	—	
busy（忙しい）	03	—	
big（大きい）	04	—	

不規則に変化するものもある。
・good（よい），well（上手に）
　— better — best
・many（多数の），much（多量の）
　— more — most

単語 CHECK　新出単語をまとめよう！

◆単語◆	◇意味◇	◆単語◆	◇意味◇
□		□	
□		□	
□		□	

more ～ / most ～

> 形容詞［副詞］の比較級・最上級には，er や est で終わる形のものと，popular のように more, most を前につけるものがある。

□「～よりも人気がある」は，more popular than ～ で表す。

例 Soccer is more popular than tennis in our class.
　　　　　　　形容詞の前にmoreをつける

（私たちのクラスではテニスよりサッカーのほうが人気があります。）

教科書 CHECK 　教科書に出ている，more のついた比較級の文を書こう!

_____ ページ

□「～の中でいちばん人気がある」は，the most popular of[in] ～ で表す。

例 Soccer is the most popular in our class.
　　　　　　形容詞の前にthe mostをつける

（私たちのクラスではサッカーがいちばん人気があります。）

教科書 CHECK 　教科書に出ている，most のついた最上級の文を書こう!

_____ ページ

more, mostがつく比較級・最上級の形

> er, est はつけない!

□ 比較的つづりの長い語の場合，比較級は前に more，最上級は前に most をつける。

□ つづりの長い語の比較級・最上級

原　級	比較級	―	最上級
famous（有名な）	05	―	
beautiful（美しい）	06	―	
difficult（難しい）	07	―	

単語 CHECK 　新出単語をまとめよう!

◆単語◆	◇意味◇	◆単語◆	◇意味◇
□		□	
□		□	
□		□	

THEME 比較 ②

✓ まだまだ ✓ もう少し ✓ ばっちり

比較級・最上級の疑問文

□ A と B を比べて「どちらがより〜か」は，〈Which is 比較級, *A* or *B*?〉でたずねる。

> 例 Which is larger, Canada or America?　（カナダとアメリカではどちらが大きいですか。）
>
> — Canada is.　　　　　　　　　　　　（カナダです。）

□ 3 つ以上の中で「どれがいちばん〜か」は，〈Which is the 最上級 of[in] 〜 ?〉でたずねる。

> 例 Which is the oldest dish of the five?　（5 枚の中でどれがいちばん古い皿ですか。）
>
> — This white one is.　　　　　　　　　（この白いものです。）
>
> この one は dish のこと。

□ in と of の使い分け

3つの中で	01	the three	クラスの中で	03	the class
全部の中で	02	all	日本で	04	Japan

like 〜 better, like 〜 the best

□「B よりも A のほうが好き」は like *A* better than *B* の形，

「〜がいちばん好き」は like 〜 the best の形で表す。　the は省略することもある。

> 例 I like rock music better than pop music.　（私はポップスよりもロックのほうが好きです。）
>
> ⚠ 語順に注意！　好きなほうを先に言う。I like pop music better than rock music.
> なら，「私はロックよりポップスのほうが好きです」という意味。
>
> 例 I like cats the best of all animals.　（私はすべての動物の中でねこがいちばん好きです。）

単語 CHECK　🖊 新出単語をまとめよう！

◆ 単語 ◆	◇ 意味 ◇	◆ 単語 ◆	◇ 意味 ◇
□		□	
□		□	
□		□	

THEME 比較 ②

like ~ better, like ~ the best の疑問文

□「A と B ではどちらのほうが好きか」は Which do you like better, *A* or *B*? でたずねる。

例　Which do you like better, beef or chicken?　（牛肉と鶏肉ではどちらが好きですか。）

　　— I like beef better.　　　　　　　　　　（私は牛肉のほうが好きです。）

> 答えの文でも、better を使う。

□「どの~がいちばん好きか」は Which ~ do you like the best? でたずねる。

例　Which subject do you like the best?　（あなたはどの教科がいちばん好きですか。）

　　— I like English the best.　　　　　　（私は英語がいちばん好きです。）

> 答えの文でも、the best を使う。

as ~ as …

□「…と同じくらい~だ」は，as ~ as …の形で表す。as と as の間は，形容詞・副詞のもとの形（原級）が入る。

例　My cake is as big as yours.　（私のケーキはあなたのと同じくらいの大きさです。）
　　　　　　　　もとの形（原級）

□not as ~ as …は，「…ほど~ではない」という意味。

例　I can't swim as well as Mike.　（私はマイクほど上手に泳げません。）

教科書
CHECK　🖊　教科書に出ている，as ~ as …の文を書こう！

＿＿＿ページ

□　as ~ as …と not as ~ as …

Kumi is 05 ＿＿＿＿＿＿＿＿ ＿＿＿＿＿ Ellen.

（久美はエレンと同じくらいの背の高さです。）

Maki is 06 ＿＿＿＿＿＿＿＿＿＿＿＿ Ellen.

（麻紀はエレンほど背が高くありません。）

Kumi　Ellen　Maki

単語
CHECK　🖊　新出単語をまとめよう！

◆ 単語 ◆	◇ 意味 ◇	◆ 単語 ◆	◇ 意味 ◇
□		□	
□		□	
□		□	

THEME **受け身**

まだまだ　　そう少し　　ばっちり

受け身(受動態)とは

□ 受け身(受動態)は，動作を受けるものを主語にして，「～される」という意味を表す。

□ ふつうの文：「～する」

He uses this car every day.

(彼は毎日この車を使います。)

□ 受け身の文：「～される」

This car is used every day.

(この車は毎日使われます。)

→ 車を使う「he(人)」が主語。

→ 使われる「this car(もの)」が主語。

受け身の文の形

□「～される」は，〈be 動詞＋過去分詞〉で表す。

過去分詞は動詞の変化形のひとつ。

be 動詞は，主語の人称と数，
現在・過去かによって使い分ける。

例　This room is cleaned every day.　(この部屋は毎日そうじされます。)
　　　　　　　be動詞　過去分詞

□「過去分詞」は，動詞が変化した形のひとつで，規則変化の動詞の過去分詞は「過去形」
と同じ形。不規則に変化するものもあるので注意が必要。(→ p.7)

□ be 動詞の使い分け　🖊左側に現在形，右側に過去形を書こう！

主　語	be 動詞(現在 / 過去)	過去分詞
I	01　　　　　／	～ed など
He / She など	02　　　　　／	
You や複数	03　　　　　／	

□ 動詞の過去分詞

原　形	過去分詞
clean (そうじする)	04
make (作る)	05
write (書く)	06
speak (話す)	07

単語 CHECK 🖊 新出単語をまとめよう！

◆ 単語 ◆	◇ 意味 ◇	◆ 単語 ◆	◇ 意味 ◇
□		□	
□		□	
□		□	

動作をする人を示すとき

☐「(人)によって」のように動作をする人をはっきりさせたいときは，by ～を使う。

例 This letter was written by her. （この手紙は彼女によって書かれました。）

「～によって」

by のあとの代名詞は，him や her などの形にする！

教科書 CHECK 教科書に出ている，by ～のついた受け身の文を書こう！

_____ページ

受け身の否定文・疑問文

☐否定文は，be 動詞のあとに not を入れる。

ふつうの文 English is   spoken in this country. （この国では英語が話されています。）

否定文 English isn't spoken in this country. （この国では英語は話されていません。）

be動詞のあとにnot

☐疑問文は，be 動詞で文を始める。答えるときも be 動詞を使う。

ふつうの文 This station was built last year. （この駅は昨年，建てられました。）

疑問文 Was this station   built last year? （この駅は昨年，建てられたのですか。）

be動詞で文を始める

— Yes, it was. （はい，そうです。）

— No, it wasn't. （いいえ，そうではありません。）

⚠ 過去の受け身は be 動詞を過去形にして，〈was[were]＋過去分詞〉の形！

単語 CHECK 新出単語をまとめよう！

◆ 単語 ◆	◇ 意味 ◇	◆ 単語 ◆	◇ 意味 ◇
☐		☐	
☐		☐	
☐		☐	

THEME 現在完了形

現在完了形とは

☐ 現在完了形とは，過去とつながりのある現在の状態を表す言い方。

〈have [has] ＋過去分詞〉で表す。

> 過去形の文　I saw this movie last year.　（私はこの映画を去年見ました。）

> 現在完了形の文　I have seen this movie before.　（私はこの映画を以前に見たことがあります。）
> 　　　　　　　　　have　過去分詞
> 　　　　　　　　　　　　　　「映画を見た」という過去の経験がある現在の状態を表す。

現在完了形の3つの用法

☐ 現在完了形には「経験」「完了」「継続」という3つの用法がある。

> 経験　I have been to Kyoto once.　（私は1度，京都に行ったことがあります。）
> 　　　have been to ～で「～に行ったことがある」

> 完了　I have already cleaned my room.　（私はもう部屋をそうじしました。）
> 　　　過去の何かが完了したという現在の状態を表す。

> 継続　I have lived here for two years.　（私はここに2年間住んでいます。）
> 　　　過去から何かが続いているという現在の状態を表す。

☐ 現在完了形でよく使う語

用　法	意　味	語	意　味	語
経験	以前に	01	1度	02
完了	すでに	03	ちょうど	04
継続	（時間）の間	05	～以来	06

単語 CHECK　新出単語をまとめよう！

◆ 単語 ◆	◇ 意味 ◇	◆ 単語 ◆	◇ 意味 ◇
☐		☐	
☐		☐	
☐		☐	

現在完了形の否定文

☐ 現在完了形の否定文は，have[has]のあとに not を入れる。never を使うこともある。

経験 I have not visited Paris. （私はパリを訪れたことがありません。）
└─ haveのあとにnot ─ 「経験」の用法では not のかわりに never（1度も〜ない）も使われる。

完了 The bus hasn't left yet. （バスはまだ出発していません。）
└─ hasのあとにnot ─ hasn't は has not の短縮形

継続 I haven't been in Japan for a long time. （私は長い間日本にいるのではありません。）
└─ haveのあとにnot ─ haven't は have not の短縮形

現在完了形の疑問文

☐ 現在完了形の疑問文は，Have[Has]で文を始める。疑問詞があるときは疑問詞で始め，
そのあとに現在完了形の疑問文を続ける。

経験 Have you ever visited Paris? （あなたは今までにパリを訪れたことがありますか。）
└─ Have[Has]で文を始める。─ 答えるときも have[has]を使う。

　—Yes, I have. / No, I haven't. （はい。/ いいえ。）

完了 Has the bus left yet? （バスはもう出発しましたか。）

　—Yes, it has. / No, it hasn't. （はい。/ いいえ。）

継続 How long have you been in Japan? （あなたはどれくらいの間日本にいるのですか。）

　—For five years. （5年間です。） / Since 2016. （2016年からです。）

☐ 現在完了形の否定文・疑問文でよく使う語

用 法	意 味	語	意 味	語
経験	1度も〜ない	07	今までに	08
完了	まだ，もう	09		

単語 CHECK　新出単語をまとめよう！

◆ 単語 ◆	◇ 意味 ◇	◆ 単語 ◆	◇ 意味 ◇
☐		☐	
☐		☐	
☐		☐	

P.19 be 動詞の過去形 / 過去進行形

01 was 02 were 03 was 04 was 05 were 06 was 07 watching 08 having 09 swimming

［ポイント］01 ～ 06 be 動詞の過去形は主語によって使い分ける。主語がIや3人称単数なら was を，You や複数なら were を使う。

P.21 be going to ～

01 am 02 are 03 is 04 tomorrow 05 next week 06 next Friday 07 some day 08 Are 09 Is

［ポイント］06「今度の金曜日」は next Friday と表す。08, 09 be 動詞は主語によって使い分ける。you や複数なら Are を，3人称単数なら Is を使う。

P.23 未来を表す will / Will you ～?（依頼）

01 I'll 02 You'll 03 We'll 04 He'll 05 She'll 06 It'll 07 (S)ure 08 course 09 right

10 (S)orry

［ポイント］01 ～ 06 will の文では I'll や It'll のような短縮形がよく使われる。また，will のあとに続く動詞は必ず原形。

P.25 look, show, call などの文

01 difficult[hard] 02 sad 03 happy 04 good[delicious] 05 send 06 teach 07 ask 08 make

09 name

［ポイント］01 ～ 04「～（のよう）に見える」は，〈look＋形容詞〉で表す。

P.27 to＋動詞の原形

01 want 02 like 03 start[begin] 04 to do 05 want to be[become] 06 to eat[have] lunch

［ポイント］01 ～ 03 to のあとの動詞はいつでも原形を使う。want to ～（～したい），like to ～（～することが好き），start[begin] to ～（～することを始める）など，よく使われる形を覚えておこう。

P.29 動名詞（動詞の ing 形）/ how to ～ などを使った文

01 enjoy 02 finish 03 stop 04 want 05 hope 06 how 07 what 08 where 09 when

［ポイント］01 ～ 03 enjoy（～を楽しむ），finish（～を終える），stop（～をやめる）などのあとには〈to＋動詞の原形〉は使えず，動名詞を使う。

P.32 have to ～ / must

01 must not 02 don't have to

［ポイント］01, 02 must not は「～してはならない」という強い禁止の意味を表す。一方，don't have to ～は「～する必要はない」という意味。

中2英語の解答

P.33 許可・依頼・申し出などの表現

01 right 02 problem 03 please 04 thank you 05 Can 06 May[Could] 07 Can 08 Could

09 Shall 10 Shall

［ポイント］07，08 Can you ～? と Could you ～? では，過去形 Could を使ったほうがより丁寧な表現になる。

P.35 接続詞

01 think 02 know 03 hope

［ポイント］01 ～ 03 接続詞 that は，I think などのあとに，ほかの〈主語＋動詞～〉をつなげる役割をする。

P.37 There is[are] ～.

01 in 02 under 03 on 04 on 05 near 06 by 07 There is 08 My book

09 there is, there isn't[there's not] 10 there are, there aren't 11 there was, there wasn't

12 there were, there weren't

［ポイント］07，08 There is[are] ～. の文は「相手にとって未知のもの」について，その存在を伝えるのに使われる。したがって，my や your などがついた名詞は，原則として There is[are] ～. の文では使わない。

P.39 比較①

01 older, oldest 02 larger, largest 03 busier, busiest 04 bigger, biggest

05 more famous, most famous 06 more beautiful, most beautiful

07 more difficult, most difficult

［ポイント］05 ～ 07 more ～，most ～のように変化するのは，比較的つづりが長めの語。

P.41 比較②

01 of 02 of 03 in 04 in 05 as tall as 06 not as tall as

［ポイント］06 not as ～ as …は「…ほど～でない」という意味であることに注意。

P.43 受け身

01 am, was 02 is, was 03 are, were 04 cleaned 05 made 06 written 07 spoken

［ポイント］04 ～ 07 過去分詞は動詞の変化形のひとつ。規則動詞の場合，過去分詞の形は過去形と同じだが，不規則動詞では過去形とは形が異なるものもある。

P.45 現在完了形

01 before 02 once 03 already 04 just 05 for 06 since 07 never 08 ever 09 yet

［ポイント］それぞれの用法でよく使われる語があり，用法を判別する手がかりになる。

THE
LOOSE-LEAF
STUDY GUIDE
2
FOR JHS STUDENTS

中2

数学

MATHEMATICS

THE LOOSE-LEAF STUDY GUIDE
★★
GAKKEN
-PLUS-

A LOOSE-LEAF COLLECTION
FOR A COMPLETE REVIEW OF ALL 5 SUBJECTS
GAKKEN PLUS

学習内容

学習項目	学習日	テスト日程
1 式の計算		
2 連立方程式		
3 1次関数		
4 平行線と角・多角形と角		
5 図形の合同と証明		
6 三角形と四角形		
7 確率		
8 四分位数と箱ひげ図		

TO DO LIST

やることをリストにしよう! 重要度を☆で示し、できたら□に印をつけよう。

□ ☆☆☆ _____ □ ☆☆☆ _____

□ ☆☆☆ _____ □ ☆☆☆ _____

□ ☆☆☆ _____ □ ☆☆☆ _____

□ ☆☆☆ _____ □ ☆☆☆ _____

THEME **式の計算**

多項式の加減

□ **1** $(4a+3b)+(2a-7b)$

💡 **1** ＋（ ）は，そのままかっこをはずす。

$$(4a+3b)+(2a-7b)=4a+3b \underset{01}{\quad} a \underset{02}{\quad} b$$

$$= \underset{03}{\quad} \qquad \text{←同類項をまとめる}$$

□ **2** $(3x-2y)-(4x-5y)$

💡 **2** －（ ）は，各項の符号を変えてかっこをはずす。

$$(3x-2y)-(4x-5y)=3x-2y \underset{04}{\quad} x \underset{05}{\quad} y$$

$$= \underset{06}{\quad} \qquad \underset{\text{うしろの項の符号の}}{\uparrow}$$

変え忘れに注意

数と多項式の乗除

□ **1** $6(2a-5b)$

💡 **1** 分配法則を使って，数を多項式のすべての項に

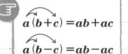

かける。

$$a(b+c)=ab+ac$$
$$a(b-c)=ab-ac$$

$$6(2a-5b)$$

$$=6\times \underset{07}{\quad} -6\times \underset{08}{\quad}$$

$$= \underset{09}{\quad}$$

□ **2** $(12x+20y)\div(-4)$

💡 **2** わる数を逆数にして，多項式にかける。

$$(12x+20y)\div(-4)=(12x+20y)\times\left(\underset{10}{\quad}\right)$$

$$= \underset{11}{\quad} \qquad \underset{\substack{\text{符号は変わらない}\\\text{ことに注意}}}{\uparrow}$$

□ **3** $3(2a-b)-5(a-2b)$

💡 **3** かっこをはずして，同類項をまとめる。

$$3(2a-b)-5(a-2b)=6a-3b \underset{12}{\quad} a \underset{13}{\quad} b$$

$$= \underset{14}{\quad}$$

分数の形の式の加減

□ $\dfrac{3x+y}{4}-\dfrac{x+4y}{6}$

💡 通分して，分子の同類項をまとめる。

$\underset{\uparrow}{}$ 分母の最小公倍数を共通の分母にする

$$\frac{3x+y}{4}-\frac{x+4y}{6}=\frac{\underset{15}{\quad}(3x+y)-\underset{16}{\quad}(x+4y)}{\underset{17}{\quad}} \quad \text{←4と6の最小公倍数}$$

$$=\frac{9x+3y \underset{18}{\quad} x \underset{19}{\quad} y}{\underset{20}{\quad}} \Longrightarrow \underset{21}{\quad}$$

単項式の乗除

□ ❶ $2a^2 \times (-5ab)$

💡 ❶ 係数の積に，文字の積をかける。

$$2a^2 \times (-5ab) = 2 \times (\underline{}_{22}) \times a^2 \times \underline{}_{23}$$

$$= \underline{}_{24}$$

□ ❷ $6x^2y \div \dfrac{2}{3}xy^2$

💡 ❷ わる式を逆数にしてかける。

⚠ $\dfrac{2}{3}xy^2$ を $\dfrac{2xy^2}{3}$ と考える。

$$6x^2y \div \frac{2}{3}xy^2 = 6x^2y \times \underline{}_{25}$$

$$= \frac{6 \times x^2 \times y \times 3}{2 \times x \times y^2}$$

$$= \underline{}_{26}$$

式の値

□ $x=3$, $y=-5$ のとき，
$4(3x+5y)-7(2x+3y)$
の値を求めなさい。

💡 式を計算して簡単にしてから，数を代入する。

$$4(3x+5y)-7(2x+3y)$$

— かっこをはずす

$$=12x+20y\;_{27}\quad\quad x\;_{28}\quad\quad y$$

— 同類項をまとめる

$$=\;_{29}\quad x\;_{30}\quad y$$

ここで，$x=3$, $y=-5$ を代入して，

$$=-2\times\;_{31}\quad-(\;_{32}\quad)$$

負の数は（ ）をつけて代入する。

$$=\;_{33}$$

等式の変形

□ $6x+3y-9=0$ を y について
解きなさい。

💡 $y=\sim$ の形になるように，
式を変形する。

⚠ 移項するときは符号を変える。

$$6x+3y-9=0$$

— $6x$, -9 を移項する

$$3y=\;_{34}\quad x\;_{35}$$

— 両辺を3でわる

$$y=\;_{36}\quad x\;_{37}$$

THEME **連立方程式**

加減法を使った解き方

□ 連立方程式

$$\begin{cases} 7x+2y=4 & \cdots\cdots① \\ 4x+3y=-7 & \cdots\cdots② \end{cases}$$

を加減法で解きなさい。

💡 加減法→左辺どうし，右辺どうしをたしたりひいたりして，1つの文字を消去する。

> y の係数の絶対値を 2 と 3 の最小公倍数 6 にそろえる。

①×3 $21x+6y=12$

②×2 －) $\underset{01}{\quad}\ x+6y=\underset{02}{\quad}$

$\underset{03}{\quad}\ x = \underset{04}{\quad}$ ←yを消去

> x を消去することもできる。計算がラクなほうの文字を消去する。

$x = \underset{05}{\quad}$

$x = \underset{06}{\quad}$ を①に代入して，

$7×\underset{07}{\quad}+2y=4,\ 2y=\underset{08}{\quad},\ y=\underset{09}{\quad}$

答 $x=\underset{10}{\quad},\ y=\underset{11}{\quad}$

代入法を使った解き方

□ 連立方程式

$$\begin{cases} 5x-4y=8 & \cdots\cdots① \\ y=2x-5 & \cdots\cdots② \end{cases}$$

を代入法で解きなさい。

💡 代入法→一方の式を他方の式に代入して，1つの文字を消去する。

②を①に代入して，

$5x-4(2x-5)=8$

$5x\underset{12}{\quad}=8$

$-3x=\underset{13}{\quad}$

$x=\underset{14}{\quad}$

$x=\underset{15}{\quad}$ を②に代入して，

$y=2×\underset{16}{\quad}-5$

$=\underset{17}{\quad}$

答 $x=\underset{18}{\quad},$

$y=\underset{19}{\quad}$

分数をふくむ連立方程式

□ 連立方程式

$$\begin{cases} 7x+4y=10 & \cdots\cdots① \\ \dfrac{1}{2}x-\dfrac{2}{3}y=-5 & \cdots\cdots② \end{cases}$$

を解きなさい。

💡 方程式の両辺を何倍かして，係数を整数に直す。

②×6 より，

$\left(\dfrac{1}{2}x-\dfrac{2}{3}y\right)×\underset{20}{\quad}=-5×\underset{21}{\quad}$

←分母の最小公倍数を両辺にかける

$\underset{22}{\quad}x-\underset{23}{\quad}y=-30$ $\cdots\cdots③$

①，③を連立方程式として解くと，

$x=\underset{24}{\quad},\ y=\underset{25}{\quad}$ …答

連立方程式の解と係数

□ 連立方程式

$$\begin{cases} ax+by=-8 & \cdots\cdots① \\ bx-ay=1 & \cdots\cdots② \end{cases}$$

の解が $x=2$, $y=-1$ である

とき, a, b の値を求めなさ

い。

💡 ①, ②に $x=2$, $y=-1$ を代入すると,

$$\begin{cases} 2a_{26}\underline{\quad} b=-8 & \cdots\cdots③ \\ 2b_{27}\underline{\quad} a=1 & \cdots\cdots④ \end{cases}$$

> a, bについての
> 連立方程式をつくる。

③, ④を a, b についての連立方程式とみて解くと,

③×2　　 $_{28}\underline{\quad} a-2b=_{29}\underline{\quad}$

④　　　+)　　　　　$a+2b=1$

　　　　　$_{30}\underline{\quad}\ a\ =_{31}\underline{\quad}$

　　　　　　　　$a\ =_{32}\underline{\quad}$

$a=_{33}\underline{\quad}$ を③に代入して, $b=_{34}\underline{\quad}$

答 $a=_{35}\underline{\quad}$, $b=_{36}\underline{\quad}$

速さの問題

□ A 地点から 1600 m はなれた
B 地点まで行くのに, はじ
めは毎分 150 m で走り, 途
中から毎分 50 m で歩いた
ら, 全体で 20 分かかった。
走った道のりと歩いた道の
りはそれぞれ何 m か, 求め
なさい。

💡 走った道のりを x m, 歩いた道のりを y m として,
数量の関係を表に整理する。

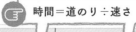
時間＝道のり÷速さ

	走った	歩いた	全体
道のり (m)	x	y	$_{37}\underline{\quad}$
速さ(m/min)	150	50	
時間 (分)	$_{38}\underline{\quad}$	$_{39}\underline{\quad}$	$_{40}\underline{\quad}$

道のりの関係から, $x+y=_{41}\underline{\quad}$　　　……①

時間の関係から, 　　　$_{42}\underline{\quad}+_{43}\underline{\quad}=20$……②

②の両辺に 150 をかけると, $x+3y=3000$　　……③

①, ③を連立方程式として解くと,

　　$x=_{44}\underline{\quad}$, $y=_{45}\underline{\quad}$

> 解の検討をする。

これらは問題にあっている。

答 走った…$_{46}\underline{\quad}$ m, 歩いた…$_{47}\underline{\quad}$ m

THEME 1次関数

変化の割合・グラフのかき方

1次関数 $y=2x-3$ について，次の問いに答えなさい。

□ **1** x の値が6増加したときの y の増加量を求めなさい。

💡 **1** 1次関数 $y=ax+b$ の変化の割合は一定で，a の値に等しい。

y の増加量＝変化の割合 $\times x$ の増加量

$=$ ⑴ $\times$ ⑵

$=$ ⑶

> 変化の割合 $=\dfrac{y \text{ の増加量}}{x \text{ の増加量}}$

□ **2** この関数のグラフをかきなさい。

💡 **2** $y=ax+b$ のグラフ
→傾きが a，切片が b の直線

⑷

切片が−3だから，点 $(0, -3)$ を通る。

1次関数の式の求め方

次の1次関数の式を求めなさい。

□ **1** グラフが直線 $y=-4x$ に平行で，点 $(3, -5)$ を通る。

> 平行な直線の傾きは等しい。

💡 **1** 求める式は $y=$ ⑸ $x+b$ とおけるので，この式に $x=3$，$y=-5$ を代入すると，←グラフが点 $(3, -5)$ を通るため

⑹ $=-4\times$ ⑺ $+b$，$b=$ ⑻

よって，1次関数の式は，$y=$ ⑼

□ **2** グラフが2点 $(8, 1)$，$(-2, -4)$ を通る。

💡 **2** 求める式を $y=ax+b$ とする。

この式に $x=8$，$y=1$ を代入すると，←グラフが点 $(8, 1)$ を通るため

⑽ $=$ ⑾ $a+b$ ……①

$x=$ ⑿ ，$y=$ ⒀ を代入すると，←グラフが点 $(-2, -4)$ を通るため

⒁ $=$ ⒂ $a+b$ ……②

①，②を連立方程式として解くと，

$a=$ ⒃ ，$b=$ ⒄

よって，1次関数の式は，$y=$
⒅

2直線の交点の座標

□ 下の図の2直線の交点の座標を求めなさい。

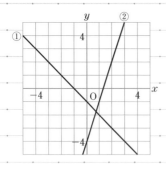

💡 2直線の交点の座標は，2直線の式を連立方程式とみたときの解の組である。

グラフから，直線①の式は，$y=-x-1$ ……①

直線②の式は，$y=$ _19_ x _20_ ……②

①，②より，$-x-1=$ _21_ x _22_

> グラフから傾きと切片を読みとる。

$x=$ _23_ ←x座標

$x=$ _24_ を①に代入して，$y=-$ _25_ -1

$=$ _26_ ←y座標   答 $\left(\underset{27}{} , \underset{28}{}\right)$

図形の辺上を動く点

□ 下の図の直角三角形 ABC の周上を，点 P は A から C を通って B まで動くものとする。
点 P が A から x cm 動いたときの△ABP の面積を y cm² とするとき，x と y の関係を表すグラフをかきなさい。

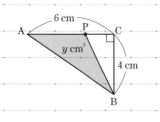

💡 点 P が，辺 AC 上，辺 BC 上にあるときの2つの場合に分けて考える。

● 辺 AC 上にあるとき

x の変域は，

> 点Pが6 cm動いたときCに重なる

$0 \leqq x \leqq$ _29_ だから，

$y=\dfrac{1}{2} \times x \times$ _30_

$=$ _31_

● 辺 BC 上にあるとき

x の変域は，

> 点Pが10 cm動いたときBに重なる

_32_ $\leqq x \leqq$ _33_

よって，

$y=\dfrac{1}{2} \times \left(\underset{34}{} -x\right) \times 6$

> ↑
> PB=AC+CB−x

$=$ _35_ x _36_

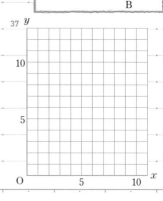

37 y

THEME 平行線と角・多角形と角

まだまだ　もう少し　ばっちり

対頂角・同位角・錯角

下の図で，$\ell\,/\!/\,m$ のとき，次の角の大きさを求めなさい。

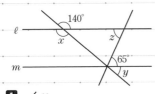

- □ **1** $\angle x$
- □ **2** $\angle y$
- □ **3** $\angle z$

重要

$\ell\,/\!/\,m$ ならば，$\begin{cases}\angle a=\angle c\\\angle b=\angle c\end{cases}$

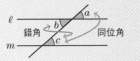

錯角　同位角

💡 **1** 対頂角は等しいから，

$\angle x = $ 01 °

💡 **2** 右の図で，

$\angle a = $ 02 °

$\ell\,/\!/\,m$ で，同位角は等しいから，$\angle y = $ 03 °

💡 **3** $\ell\,/\!/\,m$ で，錯角は等しいから，$\angle z = $ 04 °

平行線の間の角

□ 下の図で，$\ell\,/\!/\,m$ のとき，$\angle x$ の大きさを求めなさい。

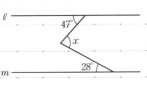

💡 右下の図のような直線 ℓ, m に平行な直線 n をひく。

$\ell\,/\!/\,n$ で，錯角は等しいから，$\angle a = $ 05 °

$m\,/\!/\,n$ で，錯角は等しいから，$\angle b = $ 06 °

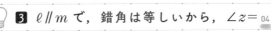

補助線

よって，$\angle x = $ 07 ° + 08 ° = 09 °

三角形の内角と外角

下の図で，$\angle x$ の大きさを求めなさい。

□ **1**

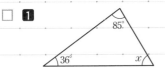

□ **2**

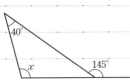

💡 **1** 三角形の内角の和は $180°$ だから，

$\angle x = $ 10 ° $- (85° + $ 11 ° $) = $ 12 °

💡 **2** 三角形の外角は，それととなり合わない2つの内角の和に等しいから，

$\angle x + $ 13 ° = 14 °

よって，

$\angle x = $ 15 ° $- $ 16 ° $= $ 17 °

三角形の角の性質

□ 下の図で，∠x の大きさを求めなさい。

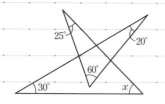

💡 右下の図で，

∠a＝25°＋ 18 ° ＝ 19 °
∠b＝20°＋ 20 ° ＝ 21 °

三角形の内角の和は180°
↓
∠x＝180°－(30°＋ 22)
　＝ 23

三角形の外角は，それととなり合わない2つの内角の和に等しい。

多角形の内角と外角

下の図で，∠x の大きさを求めなさい。

□ 1

□ 2

💡 1 五角形の内角の和は，

180°×(5－ 24)
＝ 25 °

∠x＝ 26 °－(125°＋80°＋130°＋120°)
　＝ 27

n角形の内角の和は，180°×(n－2)

n角形は，対角線で(n−2)個の三角形に分けられる

💡 2 多角形の外角の和は 360°だから，

∠x＝ 28 °－(50°＋105°＋70°＋90°)
　＝ 29

どんな多角形でも外角の和は360°。

正多角形の角

□ 1 正八角形の1つの内角の大きさを求めなさい。

□ 2 1つの外角の大きさが30°である正多角形は正何角形か，求めなさい。

💡 1 八角形の内角の和は，180°×(8−2)＝ 30 °

正多角形の内角はすべて等しいから，

31 °÷8＝ 32

💡 2 正n角形の1つの外角の大きさは，$\frac{360}{n}$°

360°÷n＝30° より，n＝ 33

したがって，正 34 角形。

THEME **図形の合同と証明**

合同な図形の性質

下の図で，
四角形 ABCD≡四角形 GFEH
のとき，次の長さや大きさを求
めなさい。

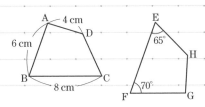

□ **1** 辺 FG の長さ

□ **2** ∠C の大きさ

重要 **合同な図形では，対応する線分の長さや角の大きさは等しい。**

💡 **1** 辺 FG と対応する辺は，辺 ₀₁ _____
↑
対応する頂点の順にかく

対応する辺の長さは等しいから，

FG = ₀₂ _____ cm

💡 **2** ∠C と対応する角は，∠ ₀₃ _____

対応する角の大きさは等しいから，

∠C = ₀₄ _____ °

図形の向きを
そろえると
わかりやすい。

裏返して重なる→
図形も合同.

三角形の合同条件

下の図で，合同な三角形の組を
見つけ，記号≡を使って表しな
さい。また，そのときに使った
合同条件を答えなさい。

□ **1**

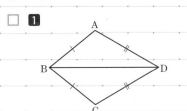

□ **2**

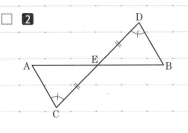

重要 **三角形の合同条件**
❶ **3組の辺がそれぞれ等しい。**
❷ **2組の辺とその間の角がそれぞれ等しい。**
❸ **1組の辺とその両端の角がそれぞれ等しい。**

💡 **1** AB = ₀₅ _____ ，AD = ₀₆ _____ ，BD=BD
↑
共通な辺

で，三角形の合同条件

「₀₇ _____ がそれぞれ等しい」

が成り立つから，

△ABD≡△ ₀₈ _____
←対応する頂点は周に
そって同じ順にかく

💡 **2** ₀₉ _____ =DE，∠C=∠ ₁₀ _____ ，

対頂角は等しいから，∠AEC=∠ ₁₁ _____

で，三角形の合同条件

「₁₂ _____ がそれぞれ等しい」

が成り立つから，△ACE≡△ ₁₃ _____

仮定と結論

□ 「△ABC と △PQR が合同で
あるとき, 対応する 3 つの
角はそれぞれ等しい」につ
いて, 仮定と結論を記号を
使って表しなさい。

💡 「○○○ならば□□□」の○○○の部分を仮定,
□□□の部分を結論という。

もとの文を「○○○ならば□□□」の形に書き直すと,

> △ABC と △PQR が合同　　　　　　　　←仮定
> 　　　　ならば
> 対応する 3 つの角はそれぞれ等しい　　←結論

これを記号を使って表すと,

仮定は, △ABC $_{14}$　　　　　　△PQR

結論は, ∠A＝∠P, ∠B＝∠ $_{15}$　　　　,

　　　∠ $_{16}$　　　＝∠ $_{17}$

> 対応する角を
> まちがえないように。

三角形の合同の証明

□ 下の図で, △ABC は
∠ABC＝90° の直角二等辺三
角形, 四角形 DEBF は正方
形である。
△AEB≡△CFB であること
を証明しなさい。

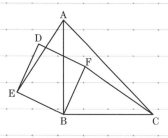

証明

△AEB と △CFB において,

△ABC は直角二等辺三角形

だから, AB＝ $_{18}$　　　　……①

四角形 DEBF は正方形

だから, $_{19}$　　　＝FB　……②

正方形の内角はすべて 90° だから,

∠ABE＝∠EBF－∠ $_{20}$

　　　＝90°－∠ $_{21}$　　　……③

∠ABC＝90° だから,

∠CBF＝∠ $_{22}$　　　－∠ABF

　　　＝ $_{23}$　　　°－∠ABF　　……④

③, ④より, ∠ $_{24}$　　　＝∠ $_{25}$　　　……⑤

①, ②, ⑤より, $_{26}$

がそれぞれ等しいから, △AEB≡△CFB

↑
三角形の合同条件

> 等しい辺や等しい角に
> 同じ印をつけて表すと
> わかりやすい。

THEME 三角形と四角形

二等辺三角形の角

□ 下の図の△ABC で，
AB＝DB＝DC である。
∠A＝74° のとき，∠x の大
きさを求めなさい。

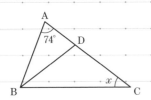

💡 二等辺三角形の 2 つの底角は等しい。

△BDA で，AB＝DB より，

∠BDA＝ 01 　　　　° ←∠A＝∠BDA

∠BDC＝180°－ 02 　　　°

　　　＝ 03 　　

△DBC で，DB＝DC より，

∠x＝(180°－ 04 　　　°)÷2

　　　＝ 05 　　° └∠DBC＝∠DCB

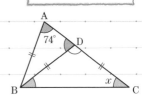

直角三角形の合同の証明

□ 下の図のように，AB＝AC
の二等辺三角形 ABC で，頂
点 B，C から辺 AC，AB へ
垂線 BD，CE をひき，BD
と CE の交点を F とする。
このとき，△FBC は二等辺
三角形であることを証明し
なさい。

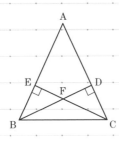

重要 直角三角形の合同条件
❶斜辺と 1 つの鋭角がそれぞれ等しい。
❷斜辺と他の 1 辺がそれぞれ等しい。

証明

△EBC と△DCB において，

∠BEC＝∠CDB＝ 06 　　　° ……①

共通な辺だから，

BC＝CB 　　　　　　　……②

AB＝AC だから， ←△ABCは二等辺三角形

∠ 07 　　　＝∠ 08 　　　……③

①，②，③より，直角三角形の

09 　　　　　　　　がそれぞれ等しいから，

△EBC≡△DCB

よって，∠ECB＝∠ 10 　　 ←対応する角の大きさは等しい

2 つの角が等しいから，

△FBC は二等辺三角形である。

2 つの角が等しい三角形は，
二等辺三角形である。

平行四辺形の性質

下の図のように，□ABCD で，∠BCD の二等分線と辺 AD との交点を E とする。次の問いに答えなさい。

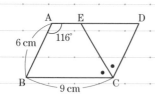

A — E — D
116°
6 cm
B — 9 cm — C

□ **1** ∠DEC の大きさを求めなさい。

□ **2** AE の長さを求めなさい。

1 平行四辺形の2組の対角はそれぞれ等しいから，

∠BCD = ___11___ °

CE は∠BCD の二等分線だから，

∠BCE = ___12___ °

AD//BC で，錯角は等しいから，

∠DEC = ___13___ °

2 平行四辺形の2組の対辺はそれぞれ等しいから，

AD = ___14___ cm

DC = ___15___ cm

∠DCE=∠DEC より，△DEC は二等辺三角形。

よって，DE＝DC だから，DE = ___16___ cm

したがって，AE＝AD－DE = ___17___ (cm)

平行線と面積

□ 下の図の四角形 ABCD は平行四辺形で，AC//EF である。△ABE と面積の等しい三角形を，すべて見つけなさい。

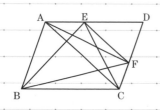

A — E — D

F

B — C

重要

PQ// AB ならば，△PAB＝△QAB
↑
面積が等しいことを表す

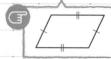

P — Q
A — B

共通な辺に着目

△ABE と△ACE は，底辺 ___18___ を共有し，AE ___19___ BC だから，

△ABE＝△ ___20___

同様に，AC// ___21___ だから，

△ACE＝△ ___22___

同様に，FC// ___23___ だから，

△ACF＝△ ___24___

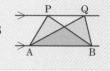

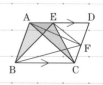

答 △ ___25___ ，△ ___26___ ，

△ ___27___

THEME 確率

まだまだ　もう少し　ばっちり

硬貨の表と裏の出方

□ 3枚の硬貨を同時に投げるとき，1枚が表，2枚が裏になる確率を求めなさい。

重要 Aの起こる確率 p → $p = \dfrac{a}{n}$ ←Aの起こる場合の数
←すべての場合の数

💡 3枚の硬貨を A，B，C として，表を○，裏を×とし，樹形図に整理する。表と裏の出方は全部で 09_____ 通り。

1枚が表，2枚が裏になる出方は，（○，×，×），（×，○，×），（×，×，○）

```
      A       B       C
                      ┌ 03___
              ○───────┤
      ○───────┤       └ ×
      │ 01___ │      ┌ ○
      │       └──────┤
      │       04___  └ 
      │              ┌ 05___
      │       ┌──────┤
      ×───────┤      └ 06___
      02___   │      ┌ 07___
              ×───────┤
              │       └ 08___
```

の 10_____ 通り。よって，求める確率は，11_____

さいころの目の数の和

A，Bの2つのさいころを同時に投げるとき，次の確率を求めなさい。

□ **1** 出る目の数の和が3の倍数になる確率

💡 2つのさいころの目の出方とその和を表に整理する。

目の出方は全部で 12_____ 通り。

1 和が3の倍数になるのは，□の部分で 13_____ 通り。

求める確率は，

$$\dfrac{14\rule{1cm}{0.4pt}}{36} = 15\rule{1cm}{0.4pt}$$

A\B	1	2	3	4	5	6
1	2	3	4	5	6	7
2	3	4	5	6	7	8
3	4	5	6	7	8	9
4	5	6	7	8	9	10
5	6	7	8	9	10	11
6	7	8	9	10	11	12

□ **2** 出る目の数の和が10以上にならない確率

💡 **2** 和が10以上になるのは，□の部分の 16_____ 通り。

和が10以上になる確率は，$\dfrac{17\rule{1cm}{0.4pt}}{36} = 18\rule{1cm}{0.4pt}$

和が10以上にならない確率
＝1－和が10以上になる確率

💬 Aの起こらない確率
＝1－Aの起こる確率

求める確率は，$1 - \dfrac{19\rule{1cm}{0.4pt}}{20\rule{1cm}{0.4pt}}$

玉の取り出し方

□ 袋の中に，赤玉が2個，白玉が2個入っている。この中から同時に2個の玉を取り出すとき，2個の玉の色が異なる確率を求めなさい。

💡 赤玉を❶，❷，白玉を③，④として，玉の取り出し方を樹形図に整理する。

それぞれの玉に番号をつけて区別する。

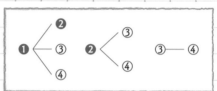

⚠ たとえば，❶と❷を選ぶことと，❷と❶を選ぶことは同じ。重複しないように。

玉の取り出し方は全部で ₍21₎　　　　通り。

2個の玉の色が異なる取り出し方は，₍22₎　　　　通り。

よって，求める確率は，$\dfrac{\text{₍23₎}}{\text{₍24₎}} = \text{₍25₎}$

約分できるときは，必ず約分する

数字カードのひき方

□ ②，④，⑥，⑧の4枚のカードがある。この中から続けて2枚ひき，はじめにひいたカードを十の位，次にひいたカードを一の位として2けたの整数をつくる。この整数が4の倍数になる確率を求めなさい。ただし，ひいたカードはもとにもどさないものとする。

💡 2枚のカードのひき方を樹形図に整理する。

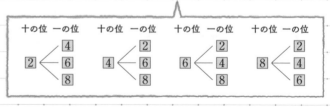

2枚のカードのひき方は全部で ₍26₎　　　　通り。

4の倍数は小さい順に，24, ₍27₎　　　，₍28₎　　　，
₍29₎　　　，₍30₎　　　，₍31₎　　　の ₍32₎　　　通り。

よって，求める確率は，$\dfrac{\text{₍33₎}}{\text{₍34₎}} = \text{₍35₎}$

約分できるときは，必ず約分する

THEME 四分位数と箱ひげ図

まだまだ　もう少し　ばっちり

四分位数

次のデータは，10人の生徒のテストの得点を小さい順に並べたものです。次の問いに答えなさい。

　23，32，48，52，65，
　71，74，85，88，96（点）

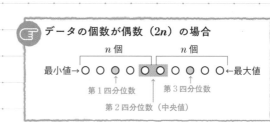

データの個数が偶数（$2n$）の場合

n個　　　　　n個

最小値→○○●○●○○○○←最大値

第1四分位数　第3四分位数
第2四分位数（中央値）

□ 1 第1四分位数を求めなさい。

💡 1 第1四分位数は，下半分の中央値で，
　　01　　　　点

□ 2 第2四分位数を求めなさい。

💡 2 第2四分位数は，全体の中央値で，
　　（65＋ 02　　　）÷2＝ 03　　　（点）

□ 3 第3四分位数を求めなさい。

💡 3 第3四分位数は，上半分の中央値で，
　　04　　　　点

四分位範囲

次のデータは，9人の生徒のテストの得点を小さい順に並べたものです。次の問いに答えなさい。

　27，46，62，68，72，80，82，89，96（点）

□ 1 データの範囲を求めなさい。

範囲＝最大値－最小値
四分位範囲＝第3四分位数－第1四分位数

□ 2 データの四分位範囲を求めなさい。

□ 3 四分位範囲の特ちょうを述べなさい。

💡 1 最大値から最小値をひくと，
　　05　　－ 06　　＝ 07　　（点）

💡 2 第1四分位数は 08　　点，第3四分位数は
　　09　　点だから，
　　10　　－ 11　　＝ 12　　（点）

💡 3 四分位範囲には，真ん中に集まる約 13
　　のデータがふくまれる。

THEME　四分位数と箱ひげ図

箱ひげ図

次のデータは，9人の生徒の小テストの得点です。次の問いに答えなさい。

8，6，4，3，4，5，
7，9，7（点）

□ ❶ 四分位数を求めなさい。

□ ❷ このデータの箱ひげ図をかきなさい。

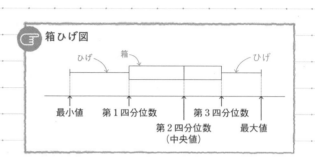

箱ひげ図

❶ 第1四分位数は 14　　　　点，第2四分位数は
15　　　　点，第3四分位数は 16　　　　点である。

❷ 最小値，最大値，四分位数をもとにかく。

箱ひげ図とヒストグラム

□ 次のヒストグラムは，A中学校の生徒100人の通学時間をまとめたものです。
対応する箱ひげ図を①〜③から選び，番号で答えなさい。

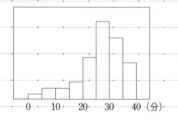

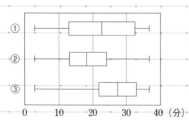

A中学校の分布は中央より 18　　　　寄りに山がある。

また，データの半分以上が20分以上 19　　　　分未満に入っている。

よって，箱ひげ図の箱が20分以上 20　　　　分未満の 21　　　　が適切である。

中2数学の解答

P.51 式の計算

01 $+2$　02 -7　03 $6a-4b$　04 -4　05 $+5$　06 $-x+3y$　07 $2a$　08 $5b$　09 $12a-30b$

10 $-\dfrac{1}{4}$　11 $-3x-5y$　12 -5　13 $+10$　14 $a+7b$　15 3　16 2　17 12

18 -2　19 -8　20 12　21 $\dfrac{7x-5y}{12}$　22 -5　23 ab　24 $-10a^3b$

25 $\dfrac{3}{2xy^2}$　26 $\dfrac{9x}{y}$　27 -14　28 -21　29 -2　30 $-$　31 3　32 -5　33 -1

34 -6　35 $+9$　36 -2　37 $+3$

［ポイント］ $-(\ \ \ )$ や $-\blacksquare(\ \ \ )$ のかっこをはずすときは，かっこの中の多項式の，うしろの項の符号の変え忘れに注意する。

P.53 連立方程式

01 8　02 -14　03 13　04 26　05 2　06 2　07 2　08 -10　09 -5　10 2　11 -5

12 $-8x+20$　13 -12　14 4　15 4　16 4　17 3　18 4　19 3　20 6　21 6　22 3

23 4　24 -2　25 6　26 $-$　27 $+$　28 4　29 -16　30 5　31 -15　32 -3　33 -3

34 2　35 -3　36 2　37 1600　38 $\dfrac{x}{150}$　39 $\dfrac{y}{50}$　40 20　41 1600　42 $\dfrac{x}{150}$　43 $\dfrac{y}{50}$

44 900　45 700　46 900　47 700

［ポイント］ 連立方程式を解くとき，まず式の形をよくみて，加減法と代入法のどちらで解くのか，x と y のどちらの文字を消去するのかを決める。このとき，できるだけ途中の計算が簡単になる解き方を選ぶとよい。

P.55 1次関数

01 2　02 6　03 12　04 左下の図　05 -4　06 -5　07 3　08 7　09 $-4x+7$

10 1　11 8　12 -2　13 -4　14 -4　15 -2　16 $\dfrac{1}{2}$　17 -3　18 $\dfrac{1}{2}x-3$

19 3　20 -4　21 3　22 -4　23 $\dfrac{3}{4}$　24 $\dfrac{3}{4}$　25 $\dfrac{3}{4}$　26 $-\dfrac{7}{4}$　27 $\dfrac{3}{4}$　28 $-\dfrac{7}{4}$

29 6　30 4　31 $2x$　32 6　33 10　34 10　35 -3　36 $+30$　37 右下の図

04
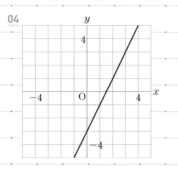

37
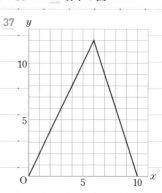

［ポイント］ 1次関数の式は $y=ax+b\,(a\neq0)$ と表される。1次関数のグラフは，傾きが a，切片が b の直線で，$a>0$ のとき右上がり，$a<0$ のとき右下がりになる。

中2数学の解答

P.57 平行線と角・多角形と角

01 140　02 40　03 40　04 65　05 47　06 28　07 47　08 28（07, 08 は順不同）　09 75

10 180　11 36　12 59　13 40　14 145　15 145　16 40　17 105

18 60　19 85　20 85　21 105　22 105　23 45　24 2　25 540　26 540　27 85

28 360　29 45　30 1080　31 1080　32 135　33 12　34 十二

［ポイント］　角の大きさを求める問題では，平行線と角の性質，三角形の内角と外角の性質などを利用する。

P.59 図形の合同と証明

01 BA　02 6　03 E　04 65　05 CB　06 CD　07 3組の辺　08 CBD

09 CE　10 D　11 BED　12 1組の辺とその両端の角　13 BDE　14 ≡　15 Q　16 C　17 R

18 CB　19 EB　20 ABF　21 ABF　22 ABC　23 90　24 ABE　25 CBF

26 2組の辺とその間の角

［ポイント］　証明は仮定から出発し，正しいと認められたことがらを根拠にして，結論を導く。まずは，仮定と結論が何か正しく区別しよう。

P.61 三角形と四角形

01 74　02 74　03 106　04 106　05 37　06 90　07 EBC　08 DCB　09 斜辺と1つの鋭角

10 DBC　11 116　12 58　13 58　14 9　15 6　16 6　17 3　18 AE　19 //　20 ACE

21 EF　22 ACF　23 AB　24 BCF　25 ACE　26 ACF　27 BCF（25, 26, 27 は順不同）

［ポイント］　角の大きさを求める問題や証明では，等しい辺や角に同じ印をつけていくと，利用できる図形の性質や合同条件が見えてくる。

P.63 確率

01 ×　02 ○　03 ○　04 ×　05 ○　06 ×（05, 06 は順不同）

07 ○　08 ×（07, 08 は順不同）　09 8　10 3　11 $\dfrac{3}{8}$

12 36　13 12　14 12　15 $\dfrac{1}{3}$　16 6　17 6　18 $\dfrac{1}{6}$　19 $\dfrac{1}{6}$　20 $\dfrac{5}{6}$

21 6　22 4　23 4　24 6　25 $\dfrac{2}{3}$

26 12　27 28　28 48　29 64　30 68　31 84　32 6　33 6　34 12　35 $\dfrac{1}{2}$

P.65 四分位数と箱ひげ図

01 48　02 71　03 68　04 85　05 96　06 27　07 69　08 54　09 85.5　10 85.5　11 54

12 31.5　13 半分(半数)　14 4　15 6　16 7.5

17

18 右　19 35　20 35　21 ③

THE
LOOSE-LEAF
STUDY GUIDE
2
FOR JHS STUDENTS

中2

理科

SCIENCE

A LOOSE-LEAF COLLECTION
FOR A COMPLETE REVIEW OF ALL 5 SUBJECTS
GAKKEN PLUS

学習内容

物質		学習日	テスト日程
1	原子・分子		
2	分解・化学変化		
3	酸化・還元		
4	化学変化と物質の質量・温度の変化		

生命		学習日	テスト日程
5	細胞		
6	植物のからだのつくりとはたらき・顕微鏡		
7	光合成・呼吸		
8	消化と吸収		
9	呼吸・血液循環・排出		
10	刺激と反応		

エネルギー		学習日	テスト日程
11	回路の電流・電圧		
12	回路の抵抗		
13	電力・電力量		
14	電流のまわりの磁界		
15	電磁誘導		
16	電流の正体・放射線		

地球		学習日	テスト日程
17	圧力・大気圧		
18	前線と天気の変化		
19	雲のでき方と大気の動き		
20	日本の天気と気象災害		

TO DO LIST

やることをリストにしよう！重要度を☆で示し、できたら□に印をつけよう。

□ ☆☆☆	□ ☆☆☆
□ ☆☆☆	□ ☆☆☆
□ ☆☆☆	□ ☆☆☆
□ ☆☆☆	□ ☆☆☆

THEME 物質 **原子・分子**

原子

☐ 01 ＿＿＿：物質をつくっていて，それ以上分けることのできない最小の粒子。

☐ **原子の性質**

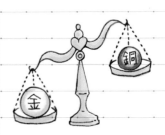

化学変化によって，それ以上分けることは 02 ＿＿＿＿。

化学変化によって，ほかの種類の原子に変わったり，なくなったり，03 ＿＿＿＿できたりしない。

種類によって，大きさや質量は決まっている。

☐ 04 ＿＿＿：原子の種類。現在およそ 120 種類が知られている。

☐ すべての原子は，アルファベット 1 文字または 2 文字を用いた元素記号で表される。

例	金属				非金属			
ナトリウム	Na	マグネシウム	Mg		水素	H	炭素	C
アルミニウム	Al	鉄	05 ＿＿＿		酸素	06 ＿＿＿	窒素	N
銅	Cu	亜鉛	Zn		硫黄	S	塩素	Cl

☐ 07 ＿＿＿：元素を原子番号順に並べた表。性質の似た元素が周期的に現れる。
└── 原子の構造にもとづいてつけられた番号

> 分子は，物質の性質を示す最小の粒子だね。

分子

☐ 08 ＿＿＿：原子がいくつか結びついてできた粒子。

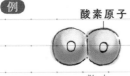

酸素原子　水素原子　酸素原子　水素原子　炭素原子　酸素原子

酸素分子　水素分子　09 ＿＿＿分子　10 ＿＿＿分子

化学式と化学反応式

□ 化学式：元素記号と数字などを使って，物質の成り立ちを表した式。

	11　　：1種類の元素だけでできている物質。			12　　：2種類以上の元素からできている物質。		
分子をつくる	水素分子のモデル	元素記号で表す	水素の化学式	水分子のモデル	元素記号で表す	水の化学式
	HH	HH	13	HOH	HOH	14
分子をつくらない	マグネシウムの原子の並び	代表として	マグネシウムの化学式	塩化ナトリウムの原子の並び	代表として	塩化ナトリウムの化学式
	Mg	Mg	15	NaCl	NaCl	16

□ 物質の分類

：物質は右のように分類される。

物質
- 純粋な物質（純物質）
  - 単体　水素，マグネシウムなど
  - 化合物　水，塩化ナトリウムなど
- 混合物　食塩水（塩化ナトリウム水溶液）など

□ 化学反応式：化学式を用いて，物質の化学変化を表した式。

 反応する物質 ⟶ 反応してできる物質

⚠ 左辺と右辺で，原子の種類と数は変わらない。

炭素と酸素が結びつく化学変化	炭素	＋ 酸素	⟶	二酸化炭素
	C	＋ O O	⟶	O C O
	C	＋ O_2	⟶	CO_2
	炭素原子　1個		⟶	炭素原子　1個
	酸素原子　2個			酸素原子　2個
水素と酸素が結びつく化学変化	水素	＋ 酸素	⟶	水
	HH HH	＋ O O	⟶	HOH HOH
	$2H_2$	＋ O_2	⟶	17

分子の数は分子の化学式の前に置くよ。水素分子（H_2）が2個のときは，$2H_2$だね。

THEME 物質 分解・化学変化

まだまだ　そう少し　ばっちり

分解

☐ 01 ＿＿＿＿＿＿＿＿：もとの物質とは性質のちがう，別の物質ができる変化。

☐ 02 ＿＿＿＿＿＿＿＿：1種類の物質が2種類以上の別の物質に分かれる化学変化。例 熱分解，電気分解

炭酸水素ナトリウムの熱分解

☐ 炭酸水素ナトリウムを熱すると白色の粉末が残る。→ 炭酸ナトリウム

青色の塩化コバルト紙が赤(桃)色になった。
→ 水ができた。

試験管の内側に液体がつく。

気体が発生する。

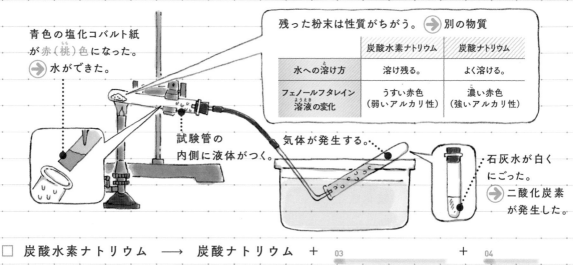

残った粉末は性質がちがう。→ 別の物質

	炭酸水素ナトリウム	炭酸ナトリウム
水への溶け方	溶け残る。	よく溶ける。
フェノールフタレイン溶液の変化	うすい赤色（弱いアルカリ性）	濃い赤色（強いアルカリ性）

石灰水が白くにごった。
→ 二酸化炭素が発生した。

☐ 炭酸水素ナトリウム　⟶　炭酸ナトリウム　＋　03 ＿＿＿＿　＋　04 ＿＿＿＿

$$2NaHCO_3 \longrightarrow Na_2CO_3 + CO_2 + H_2O$$

☐ #### 酸化銀の熱分解

酸化銀　⟶　05 ＿＿＿＿　＋　酸素

$$2Ag_2O \longrightarrow 4Ag + O_2$$

☐ #### 水の電気分解

水　⟶　06 ＿＿＿＿　＋　酸素

$$2H_2O \longrightarrow 2H_2 + O_2$$

発生した気体の体積比は，

水素：酸素 ＝ 2：1

マッチの火を近づける。

純粋な水は電流を流さないので，水酸化ナトリウムを溶かすよ。

火のついた線香を入れる。

陰極　ポッと音を立てて気体が燃える。

水に電流を流す。

陽極　線香が炎を上げて燃える。

→ 水素が発生した。

→ 07 ＿＿＿＿＿＿＿＿が発生した。

物質が結びつく化学変化

鉄と硫黄が結びつく変化

☐ 鉄と硫黄の混合物を熱すると，黒色の物質が残る。 ➡ 硫化鉄

鉄粉と硫黄の混合物を
試験管に入れた
もの

試験管の
上部を
加熱する。

できた物質は性質がちがう。 ➡ 別の物質

	反応前（鉄＋硫黄）	反応後（硫化鉄）
磁石との反応	（鉄が）磁石につく。	磁石に 08　　　。
うすい塩酸との反応	（鉄が塩酸と反応し）無臭の気体（水素）が発生する。	においのある気体（硫化水素）が発生する。

⚠ 混合物の上部が赤くなったら加熱をやめる。
➡ 発生した熱で反応が進む。

☐　鉄　＋　硫黄　⟶　硫化鉄

Fe　＋　S　⟶　09

いろいろな化学変化

☐　銅　＋　硫黄　⟶　硫化銅

Cu　＋　S　⟶　CuS

☐　水素　＋　酸素　⟶　水

$2H_2$　＋　O_2　⟶　10

水素と酸素の混合気体に
点火する。
↓
爆発音を上げて結びつき，
水ができる。

☐　炭素　＋　酸素　⟶　二酸化炭素

C　＋　O_2　⟶　11

☐　メタン　＋　酸素　⟶　二酸化炭素　＋　水

CH_4　＋　$2O_2$　⟶　CO_2　＋　$2H_2O$

THEME 物質 **酸化・還元**

酸化

☐ 01 ＿＿＿＿：物質が酸素と結びつく化学変化。酸化によってできた物質を酸化物という。

☐ 02 ＿＿＿＿：物質が激しく熱や光を出しながら酸化されること。

鉄が酸素と結びつく変化

☐ **鉄の燃焼**

ガラス管で息をふいて
酸素を送り，
完全に燃焼させる。

ピンセット

スチール
ウール（鉄）に
火をつける。

アルミニウムはく　ガラス管

→ 結びついた酸素の分だけ質量が増加した。

	燃やす前（鉄）	燃やした後（酸化鉄）
質量	—	燃やす前より増加した。
電流は流れるか	流れる。	流れにくい。
うすい塩酸との反応	気体（水素）が発生する。	気体は発生しにくい。

性質がちがう。
→ 別の物質である。

鉄　＋　酸素　⟶　03 ＿＿＿＿

☐ 空気中に放置した鉄くぎの表面がさびるのは，鉄が 04 ＿＿＿＿ されたためである。

いろいろな物質の酸化

☐ 炭素　＋　酸素　⟶　05 ＿＿＿＿

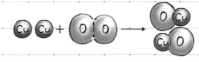

$C + O_2 \longrightarrow CO_2$

☐ 銅　＋　酸素　⟶　酸化銅

$2Cu + O_2 \longrightarrow 2CuO$

☐ マグネシウム＋　酸素　⟶　06 ＿＿＿＿

$2Mg + O_2 \longrightarrow 2MgO$

マグネシウムを加熱すると激しく
熱と光を出す。 → 燃焼である。

☐ 有機物は炭素を含むので，燃焼すると 07 ＿＿＿＿ が発生する。

☐ 金属のように炭素を含まない物質は，燃焼しても二酸化炭素が発生しない。

還元

☐ 08 ＿＿＿＿：**酸化物**から 酸素をうばう **化学変化。**

💡 還元は，酸素と結びつく 09 ＿＿＿＿ と同時に起こる化学変化である。

☐ 酸化銅の炭素による還元

👆 酸化銅と活性炭（炭素）→ 赤色の物質が
の混合物　　　　　　　　 できる。

> 金属光沢が出る。
> → 10 ＿＿＿＿ ができた。

ピンチコック

ゴム管

ガラス管

> ⚠ 加熱後は，加熱した試験管に空気（酸素）が吸い
> こまれないように，ピンチコックでゴム管をとじる。

石灰水

> 白くにごる。
> → 11 ＿＿＿＿ が発生した。

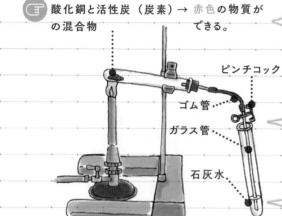

```
        ┌─ 12 ____ された ─┐
        │                  │      酸化銅が酸素をうばわれた。
酸化銅　 ＋　 炭素　 ──→　 銅　 ＋　 二酸化炭素
```

$$2CuO \quad + \quad C \quad \longrightarrow \quad 2Cu \quad + \quad CO_2$$

```
        └──── 13 ____ された ────┘   酸化銅の中の酸素が炭素と結びついた。
```

💡 **還元**と**酸化**は同時に**起こっている。**

☐ 酸化銅の水素による還元

```
        ┌─ 14 ____ された ─┐
        │                  │
酸化銅　 ＋　 水素　 ──→　 銅　 ＋　 水
```

$$CuO \quad + \quad H_2 \quad \longrightarrow \quad Cu \quad + \quad H_2O$$

```
        └──── 15 ____ された ────┘
```

THEME 物質 化学変化と物質の質量・温度の変化

質量保存の法則

□ 01 ＿＿＿＿＿ ：化学変化の前後で，物質全体の質量は 変化しない という法則。

🔲 反応前の物質の質量の総和 ＝ 反応後の物質の質量の総和 —→ 状態変化や物質の溶解にもあてはまるよ。

沈殿ができる反応

例 うすい硫酸とうすい塩化バリウム水溶液を混ぜ合わせると，白い 02 ＿＿＿＿ ができる。

H_2SO_4 ＋ $BaCl_2$ ⟶ $BaSO_4$ ＋ $2HCl$

硫酸 ＋ 塩化バリウム ⟶ 硫酸バリウム（白い沈殿） ＋ 塩酸（塩化水素）

塩化バリウム水溶液

106.60 g

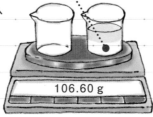

106.60 g

⚠ 反応の前後で質量の総和は

03 ＿＿＿＿＿＿＿＿。

気体が発生する反応

例 炭酸水素ナトリウムとうすい塩酸を混ぜ合わせると，気体が発生する。

$NaHCO_3$ ＋ HCl ⟶ $NaCl$ ＋ CO_2 ＋ H_2O

炭酸水素ナトリウム ＋ 塩酸 ⟶ 塩化ナトリウム ＋ 二酸化炭素 ＋ 水

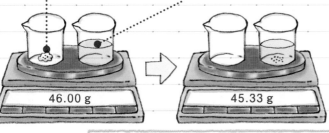

46.00 g

45.33 g

反応後の質量が 04 ＿＿＿＿＿

なる。

→ 発生した気体が空気中に

出ていったため。

⚠ 密閉した容器では

反応の前後で

質量は 05 ＿＿＿＿。

プラスチックの容器

うすい塩酸

炭酸水素ナトリウム

78.00 g

混ぜ合わせる。

78.00 g

物質が結びつくときの質量の割合

☐ 結びつく物質の質量の割合：2つの物質 A，B が結びつく場合，物質 A，B は，

つねに 06　　　　　　の質量の割合で結びつく。

☐ 銅の酸化の場合

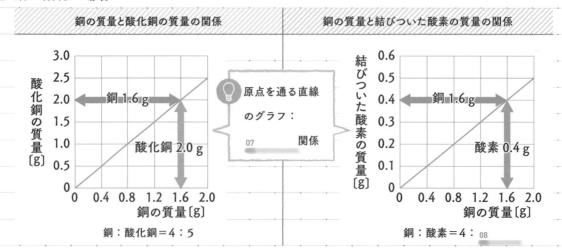

銅の質量と酸化銅の質量の関係	銅の質量と結びついた酸素の質量の関係

原点を通る直線のグラフ：07　　　　関係

銅：酸化銅＝4：5

銅：酸素＝4：08　　　

☐ マグネシウムの酸化の場合

マグネシウム：酸化マグネシウム＝3：5　　　マグネシウム：酸素＝3：09　　　

化学変化と熱

☐ 10　　　　　　：化学変化が起こるときに，まわりの温度が上がる反応。

☐ 11　　　　　　：化学変化が起こるときに，まわりの温度が下がる反応。

例 鉄粉の酸化（化学かいろ）

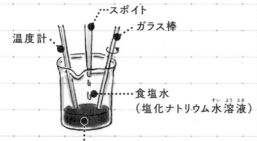

温度計　スポイト　ガラス棒
食塩水（塩化ナトリウム水溶液）
鉄粉と活性炭の混合物

例 塩化アンモニウムと水酸化バリウムの反応

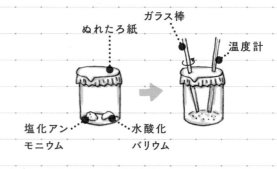

ぬれたろ紙　ガラス棒　温度計
塩化アンモニウム　水酸化バリウム

鉄粉が酸化するとき

→ 熱が 12　　　　する。

塩化アンモニウムと水酸化バリウムが反応するとき → 熱を 13　　　　する。

THEME 生命 **細胞**

植物と動物の細胞のつくり

☐ 01 ＿＿＿＿＿＿：生物のからだをつくっている最小の単位。生命の基本の単位となる。

☐ 細胞(さいぼう)のつくり

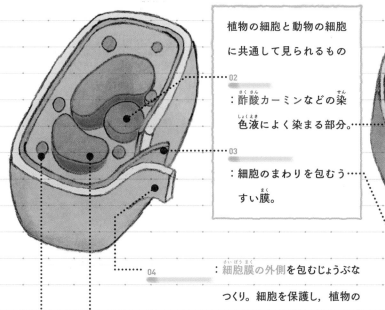

植物の細胞　　　　　　　　　　　　　　　　　　動物の細胞

植物の細胞と動物の細胞
に共通して見られるもの

02 ＿＿＿＿＿
：酢酸(さくさん)カーミンなどの染(せん)
色液(しょくえき)によく染まる部分。

03 ＿＿＿＿＿
：細胞のまわりを包むう
すい膜(まく)。

04 ＿＿＿＿＿：細胞膜(さいぼうまく)の外側を包むじょうぶな
つくり。細胞を保護し，植物の
からだを支えるのに役立つ。

05 ＿＿＿＿＿：細胞の活動で生じた物質や水を
含(ふく)む液で満たされた袋(ふくろ)。

06 ＿＿＿＿＿：緑色の小さな粒(つぶ)。
光合成(こうごうせい)を行う。

07 ＿＿＿＿＿
：細胞膜と，その内側の
核以外の部分。

☐ 細胞(さいぼう)の呼吸(こきゅう)(細胞呼吸(さいぼうこきゅう)，細胞による呼吸)：1つ1つの細胞が酸素を使って栄養分(有機物)
を分解し，生きるためのエネルギーをとり出す
はたらき。このとき，二酸化炭素と水ができる。

内呼吸(ないこきゅう)ともいう。

　　　　　　　栄養分　＋　酸素　──→　08 ＿＿＿＿＿　＋　水

植物は日光を受けて栄養分
をつくり，動物は食べ物を
食べて養分をとり入れるよ。

　　　　　　　　　　　　　　　↓

　　　　　　　生きるためのエネルギー

生物のからだ

☐ 09 ＿＿＿＿＿＿＿：からだが1つの細胞だけでできている生物。1つの細胞で生命活動を行っている。例 ゾウリムシ，ミカヅキモなど

☐ 10 ＿＿＿＿＿＿＿：からだが多くの細胞からできている生物。
例 ヒト，ホウセンカなど

多細胞生物のからだの成り立ち

☐ 11 ＿＿＿＿＿＿＿：形やはたらきが同じ細胞が集まっている。

☐ 12 ＿＿＿＿＿＿＿：いくつかの種類の組織が集まり，特定のはたらきをする。

☐ 13 ＿＿＿＿＿＿＿：いくつかの器官が集まってつくられている。

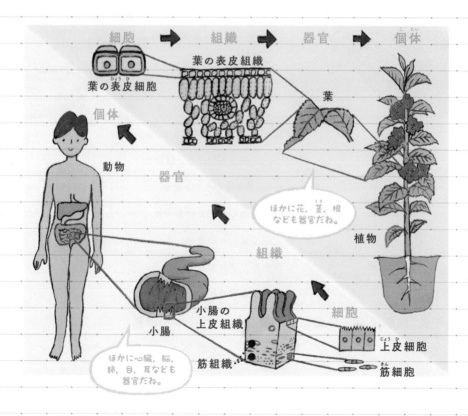

THEME　生命　**植物のからだのつくりとはたらき・顕微鏡**

☑ まだまだ　☑ もう少し　☑ ばっちり

葉・茎・根のつくりとはたらき

> 葉・茎・根の維管束はつながっていて，植物のからだに水や養分を運んでいる。

☐ 維管束：道管や師管の集まり。

☐ 01 _____：根から吸収した水や水に溶けた養分の通り道。

☐ 02 _____：葉でつくられた栄養分の通り道。

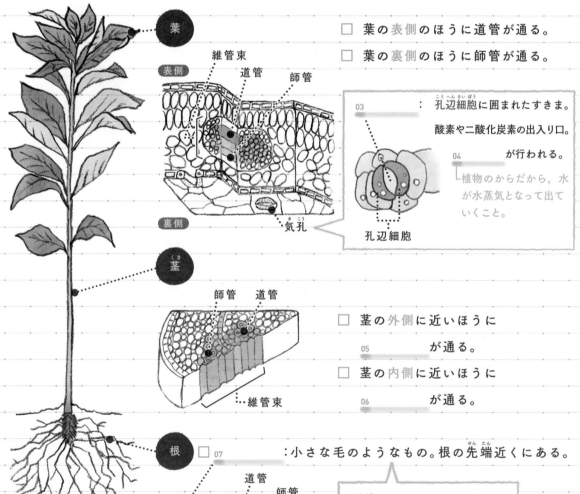

葉

維管束
表側
道管　師管

☐ 葉の表側のほうに道管が通る。

☐ 葉の裏側のほうに師管が通る。

03 _____：孔辺細胞に囲まれたすきま。
酸素や二酸化炭素の出入り口。

04 _____ が行われる。

> 植物のからだから，水が水蒸気となって出ていくこと。

裏側
気孔
孔辺細胞

茎

師管　道管

☐ 茎の外側に近いほうに

05 _____ が通る。

☐ 茎の内側に近いほうに

06 _____ が通る。

維管束

根　☐ 07 _____：小さな毛のようなもの。根の先端近くにある。

道管　師管

> 根毛が多数あることで，土にふれる根の表面積が広くなる。
> ➡ 水や水に溶けた養分の吸収を効率よく行う。

顕微鏡の使い方

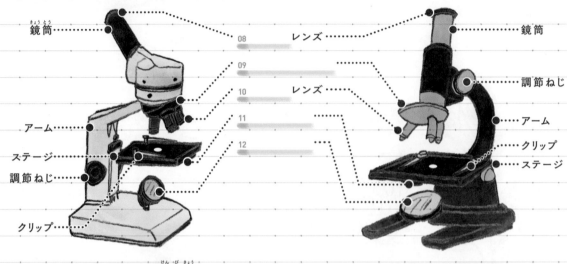

鏡筒

アーム

ステージ

調節ねじ

クリップ

08 _____ レンズ

09 _____

10 _____ レンズ

11 _____

12 _____

▲ステージ上下式顕微鏡

鏡筒

調節ねじ

アーム

クリップ

ステージ

▲鏡筒上下式顕微鏡

☐ 観察の手順

❶ 接眼レンズ→対物レンズの順にとりつける。対物レンズは最も低倍率のものにする。

❷ 13 _____ を調節して，視野全体を明るくする。

❸ プレパラートをステージにのせる。

❹ 横から見ながら，対物レンズとプレパラートをできるだけ 14 _____ 。

　⚠ 対物レンズとプレパラートがぶつからないように気をつけること。

❺ 接眼レンズをのぞいて，対物レンズとプレパラートを 15 _____ ながら，

ピントを合わせる。

❻ しぼりで光の量を調節し，見たいものを視野の中央にもってくる。

> この操作のあと，
> 徐々に高倍率にする。

☐ 顕微鏡の拡大倍率の求め方

　顕微鏡の拡大倍率＝接眼レンズの倍率×対物レンズの倍率

☐ 顕微鏡の倍率を高くすると，

見える範囲は 16 _____ なり，視野の明るさは暗くなる。

☐ 視野に見えるものを動かしたいときは，プレパラートを見えるものを動かしたい方向の

上下左右逆向きに動かす。

THEME　生命 **光合成・呼吸**

光合成

□ 01 ＿＿＿＿：植物が光を受けてデンプンなどの栄養分をつくるはたらき。
　　　　葉緑体で，光が当たったときだけ行われる。

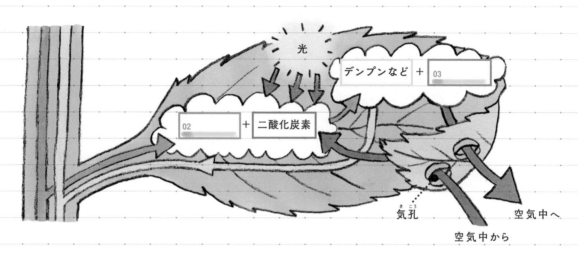

光

デンプンなど ＋ 03 ＿＿＿＿

02 ＿＿＿＿ ＋ 二酸化炭素

気孔

空気中へ

空気中から

実験　**光合成が行われるつくりを確かめる実験**

❶ 光を十分当てた水草と，前夜からアルミニウムは
　くでおおい，光を当てなかった水草を用意した。

❷ それぞれの水草の葉をとり，あたためたエタノー
　ルで脱色した後水で洗い，04 ＿＿＿＿につけ
　て，顕微鏡で観察した。

光

アルミ
ニウム
はく

水草

結果

青紫色の粒

光を 05 ＿＿＿＿水草の細胞　　光を 06 ＿＿＿＿水草の細胞

□ 青紫色に着色した粒は 07 ＿＿＿＿で，中には 08 ＿＿＿＿ができている。

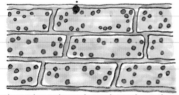
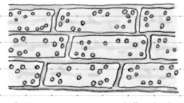

呼吸

☐ 09 ____ ：酸素をとり入れ，二酸化炭素を出すこと。1日中行われる。

☐ 植物の場合，昼は光合成と呼吸の両方を行い，夜は 10 ____ だけを行う。

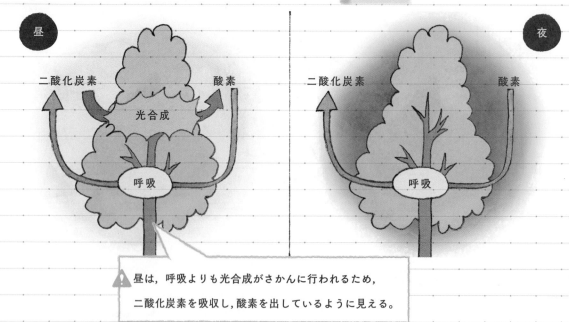

昼

夜

二酸化炭素　酸素
光合成
呼吸

二酸化炭素　酸素
呼吸

⚠ 昼は，呼吸よりも光合成がさかんに行われるため，
二酸化炭素を吸収し，酸素を出しているように見える。

実験 植物の呼吸を調べる実験

❶ ポリエチレンの袋に空気と植物を入れたもの，空気だけを入れたものを用意し，
暗い場所に2〜3時間置く。

❷ 2つの袋の中の空気をそれぞれ石灰水に通し，石灰水の変化を調べる。

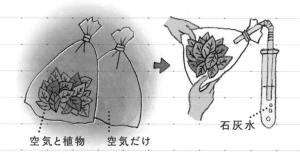

空気と植物　空気だけ　石灰水

空気と植物を入れた袋の中の空気
→石灰水は 11 ____ 。

空気だけを入れた袋の中の空気
→石灰水はほとんど変化しなかった。

➡ 暗い場所に置いた植物は，
12 ____ を出した。

THEME 生命 **消化と吸収**

まだまだ　もう少し　ばっちり

消化

☐ 01 ＿＿＿＿＿：食物中の栄養分を，からだの中に 吸収 されやすい物質 にするはたらき。

☐ 02 ＿＿＿＿＿：口から始まり肛門まで続く管。口→食道→胃→ 03 ＿＿＿＿ →大腸→肛門

☐ 消化液：消化管に出され，消化のはたらきをする液。

☐ 04 ＿＿＿＿＿：栄養分を吸収しやすく 分解 する物質。決まった物質にはたらく。

☐ 消化のはたらき

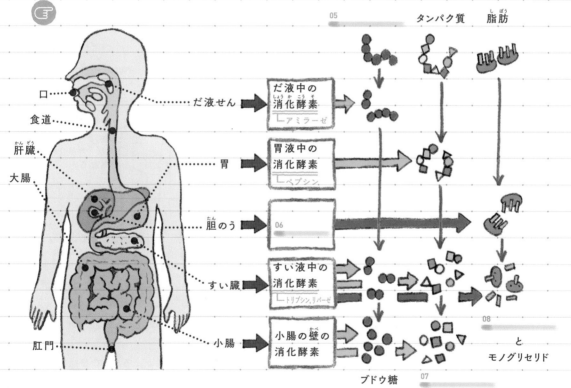

05 ＿＿＿＿　タンパク質　脂肪

口 ─── だ液せん ➡ だ液中の消化酵素 └アミラーゼ

食道

肝臓

胃 ─── 胃 ➡ 胃液中の消化酵素 └ペプシン

大腸

胆のう ➡ 06 ＿＿＿＿

すい臓 ─── すい臓 ➡ すい液中の消化酵素 └トリプシン，リパーゼ

小腸 ─── 小腸 ➡ 小腸の壁の消化酵素

肛門

ブドウ糖　07 ＿＿＿＿

08 ＿＿＿＿ と モノグリセリド

実験 だ液をデンプン溶液に加えると，デンプンが分解され，麦芽糖 などに変化する。

A デンプン溶液 10 cm³
B

うすめただ液 2 cm³
水 2 cm³

40℃の湯であたためる。

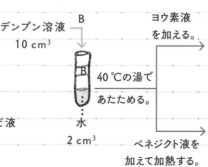
ヨウ素液を加える。

ベネジクト液を加えて加熱する。

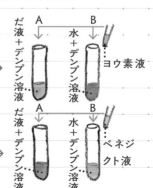
だ液＋デンプン溶液　水＋デンプン溶液　ヨウ素液

だ液＋デンプン溶液　水＋デンプン溶液　ベネジクト液

吸収

☐ **栄養分の吸収**：消化された栄養分は，小腸の内側の壁にある柔毛の表面から吸収され，毛細血管やリンパ管に入って全身の細胞へ運ばれる。

☐ **09** ＿＿＿＿＿：小腸の内側の壁にある，細かい突起。柔毛の中に毛細血管とリンパ管がある。

☐ 栄養分の吸収

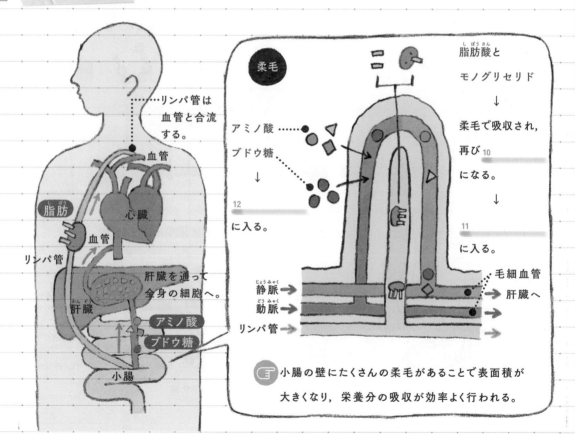

脂肪酸とモノグリセリド
↓
柔毛で吸収され，再び **10** ＿＿＿＿になる。
↓
11 ＿＿＿＿に入る。

アミノ酸
ブドウ糖
↓
12 ＿＿＿＿に入る。

リンパ管は血管と合流する。

血管

脂肪

心臓

血管

リンパ管

肝臓

肝臓を通って全身の細胞へ。

アミノ酸
ブドウ糖

小腸

柔毛

静脈 →
動脈 →
リンパ管 →

毛細血管
→ 肝臓へ
→

☞ 小腸の壁にたくさんの柔毛があることで表面積が大きくなり，栄養分の吸収が効率よく行われる。

THEME 生命 **呼吸・血液循環・排出**

呼吸

☐ **肺呼吸**：空気中からとり入れた酸素と血液中の二酸化炭素が，肺で交換されること。

ヒトの呼吸系は，気管→ 01 ＿＿＿＿＿＿ →肺（肺胞）とつながっている。

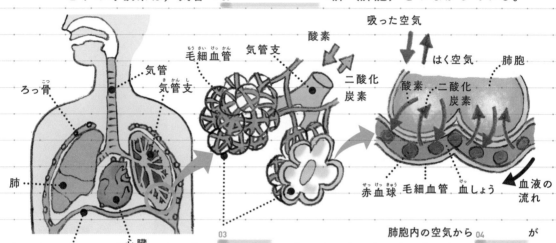

吸った空気

酸素

毛細血管 気管支 酸素 はく空気 肺胞

気管 二酸化 酸素 二酸化
気管支 炭素 炭素

ろっ骨

赤血球 毛細血管 血しょう 血液の流れ

肺

心臓

02 ＿＿＿＿＿
└ 肺には筋肉がない。

03 ＿＿＿＿＿
：肺をつくっている小さな
袋。まわりを毛細血管が
とり囲んでいる。

肺胞内の空気から 04 ＿＿＿＿＿ が
血液中にとり入れられ，血液中の

05 ＿＿＿＿＿ は肺胞内に放出
される。

➡ ろっ骨や横隔膜が下がったり上がっ
たりすることで，肺の中に空気が吸
いこまれたり，肺から押し出された
りする。

💡 たくさんの肺胞があることで空気にふれ
る表面積が大きくなり，酸素と二酸化炭
素の交換が効率よく行われる。

血液の成分とはたらき

	06	07	血小板	08
形				液体
はたらき	ヘモグロビンという物質を含み，そのはたらきで酸素を運ぶ。	体内に入ったウイルスや細菌などを分解する。	出血のとき，血液を固める。	栄養分を運ぶ。細胞から出た二酸化炭素や不要な物質を運ぶ。

09 ＿＿＿＿＿ ：毛細血管から血しょうがしみ出したもの。
細胞のまわりを満たしている。

血液の循環

□ ヒトの血液循環：心臓から出た血液は肺循環，体循環の2つの経路を通って，心臓にもどる。

□ 動脈：心臓から送り出される血液が流れる血管。

□ 静脈：心臓にもどる血液が流れる血管。

□ 動脈血： 10 _____ を多く含む血液。

□ 静脈血： 11 _____ を多く含む血液。

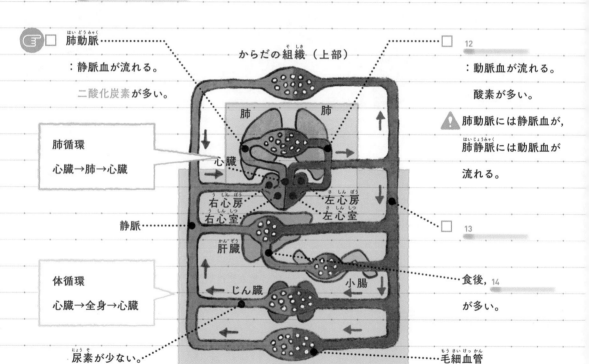

肺動脈……

：静脈血が流れる。

二酸化炭素が多い。

からだの組織（上部）

12 _____

：動脈血が流れる。

酸素が多い。

⚠ 肺動脈には静脈血が，
肺静脈には動脈血が
流れる。

肺循環
心臓→肺→心臓

肺　　肺

心臓

右心房
右心室

左心房
左心室

静脈……

13 _____

食後, 14 _____
が多い。

体循環
心臓→全身→心臓

肝臓

じん臓

小腸

尿素が少ない。

毛細血管

からだの組織（下部）

排出

じん臓のはたらき	肝臓のはたらき
血液から尿素などの**不要な物質**をとり除く。	❶有害なアンモニアを無害な 15 _____ に変える。
	❷栄養分をたくわえる。
輸尿管を通って尿としてぼうこうにためられた後，体外に排出される。	❸ 16 _____ をつくる。 └脂肪の消化を助ける液。

THEME 生命 **刺激と反応**

まだまだ ✓ / もう少し ✓ / ばっちり ✓

いろいろな感覚器官

☐ 01 _____ ：外界からの刺激を受けとる器官。受けとった刺激は信号に変えられ，

神経を通り，02 _____ に伝わってはじめて感覚を生じる。

例 感覚器官	目	耳	鼻	舌	皮膚
感覚	視覚	聴覚	嗅覚	味覚	触覚，痛覚など

☐ **目のつくり**

虹彩：レンズに入る光の
量を調節する。

角膜……

ひとみ……

03 _____
：光の刺激を
受けとる
細胞がある。

神経（視神経）

脳へ

レンズ（水晶体）
：ふくらみを変え，網膜上に
ピントの合った像を結ぶ。

光の刺激の伝わり方
光
↓
角膜
↓
ひとみ
↓
レンズ（水晶体）
↓
網膜
↓
神経
↓
04 _____

☐ **耳のつくり**

耳小骨
：鼓膜の振動を
うずまき管に伝える。

うずまき管
：音の振動を受け
とる細胞がある。
神経に伝える。

脳へ

神経
（聴神経）

05 _____
：音（空気の振動）をとらえて
振動する。

音の刺激の伝わり方
音
↓
鼓膜
↓
耳小骨
↓
うずまき管
↓
神経
↓
脳

☐ **鼻のつくり**

刺激を受けとる
細胞がある。

神経

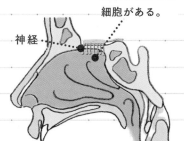

☐ **舌のつくり**

刺激を受けとる
細胞がある。

脳へ

神経

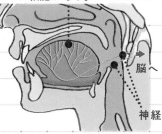

☐ **皮膚のつくり**

刺激を
受けとる
細胞が
ある。

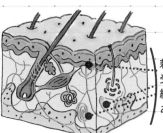

💡 それぞれの感覚器官にある刺激を受けとる細胞を感覚細胞という。

刺激と反応

☐ ヒトの神経系：中枢神経と，そこから枝分かれした 06 _____ とからなる。

脳や脊髄（中枢神経）	感覚神経	運動神経
感覚を生じ，判断や命令などを行う。	感覚器官が受けとった刺激を 07 _____ に伝える。	中枢神経からの命令などを運動器官や内臓に伝える。

意識して起こす反応：脳が関係する。

例 左手をにぎられたら右手をにぎる。

無意識に起こる反応：08 _____

例 熱いやかんにふれてとっさに手をひっこめる。

💡 脊髄から命令が出されるので，反応時間が短い。

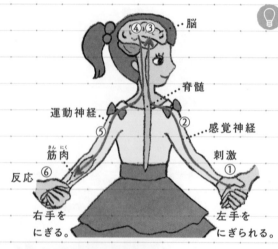

④③ 脳
脊髄
運動神経
② 感覚神経
⑤ 筋肉
反応 ⑥ 刺激 ①
右手を にぎる。 左手を にぎられる。

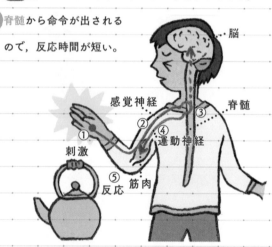

脳
感覚神経 脊髄
② ③
刺激 ④ 運動神経
① ⑤ 筋肉
反応

骨格と筋肉

☐ 09 _____ ：からだを支えたり，保護したりしている骨組み。からだの内部にある骨格を内骨格という。

☐ 運動のしくみ：骨のまわりの筋肉のはたらきで，10 _____ の部分が曲がる。

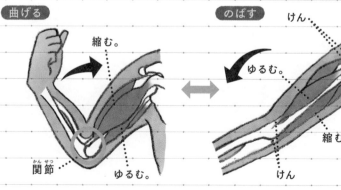

曲げる
縮む。
関節
ゆるむ。

のばす
けん
ゆるむ。
縮む。
けん

対になっている筋肉のどちらか一方が縮む。
↓
関節の部分で，うでを曲げたりのばしたりすることができる。

THEME　エネルギー　**回路の電流・電圧**

まだまだ　もう少し　ばっちり

回路

☐ 01 _____ ：電流が流れる道すじ。

☐ 電流の流れる向き：電源の 02 _____ 極から出て，電源の 03 _____ 極に流れこむ。

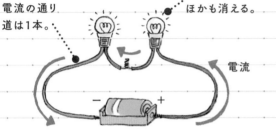

直列回路

電流の通り道は1本。

1つはずすとほかも消える。

電流

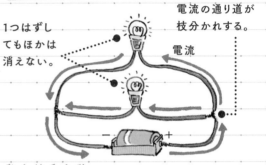

並列回路

1つはずしてもほかは消えない。

電流の通り道が枝分かれする。

電流

☐ 回路図のかき方：回路を図で表すときには，電気用図記号を用いる。

☐ 電気用図記号

電気器具	電気用図記号	電気器具	電気用図記号
電源	——|—— 長いほうが＋極	電球	⊗
04 _____	/	05 _____ ，または電熱線	▭
06 _____	Ⓐ	電圧計	Ⓥ
導線の交わり（接続するとき）	┼•	導線の交わり（接続しないとき）	┼

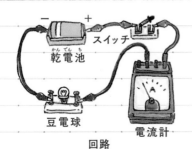

スイッチ
乾電池
豆電球
電流計

回路

⇒

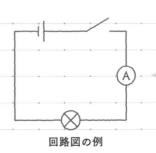

回路図の例

複雑な回路も簡単に表せるね。電源の＋極と一極の位置に注意しよう。

THEME 回路の電流・電圧

回路の電流と電圧

> 1 A＝1000 mA
> 1 mA＝0.001 A

□ 電流（*I*）：電気の流れ。単位は 07 ＿＿＿＿＿（記号 08 ＿＿＿＿），ミリアンペア（記号 mA）。

□ 電圧（*V*）：電流を流そうとするはたらきの大きさ。単位は 09 ＿＿＿＿＿（記号 10 ＿＿＿）。

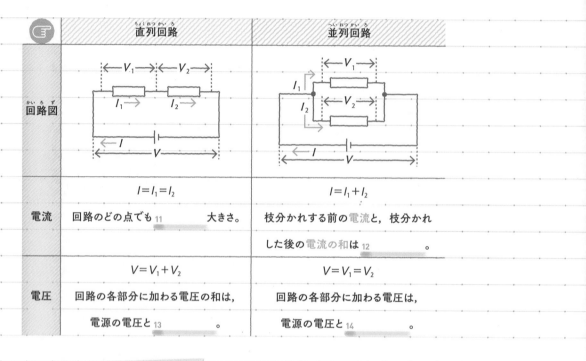

	直列回路	並列回路
回路図	（回路図）	（回路図）
電流	$I=I_1=I_2$ 回路のどの点でも 11 ＿＿＿大きさ。	$I=I_1+I_2$ 枝分かれする前の電流と，枝分かれ した後の電流の和は 12 ＿＿＿。
電圧	$V=V_1+V_2$ 回路の各部分に加わる電圧の和は， 電源の電圧と 13 ＿＿＿。	$V=V_1=V_2$ 回路の各部分に加わる電圧は， 電源の電圧と 14 ＿＿＿。

□ 電流計と電圧計の使い方

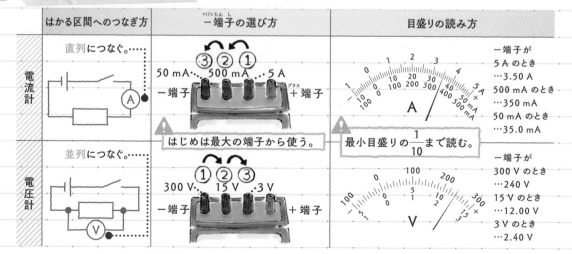

	はかる区間へのつなぎ方	－端子の選び方	目盛りの読み方
電流計	直列につなぐ。	③ ② ① 50 mA… 500 mA …5 A －端子　　　　　＋端子 **はじめは最大の端子から使う。**	－端子が 5 A のとき…3.50 A 500 mA のとき…350 mA 50 mA のとき…35.0 mA **最小目盛りの $\frac{1}{10}$ まで読む。**
電圧計	並列につなぐ。	① ② ③ 300 V 15 V 3 V －端子　　　　　＋端子	－端子が 300 V のとき…240 V 15 V のとき…12.00 V 3 V のとき…2.40 V

THEME　エネルギー　回路の抵抗

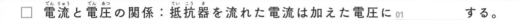

電流と電圧の関係

□ 電流と電圧の関係：抵抗器を流れた電流は加えた電圧に 01 ＿＿＿ する。

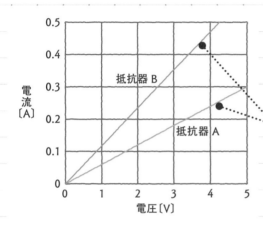

2種類の抵抗器A，Bを用いて，抵抗器の
両端に加わる電圧と流れる電流の大きさと
の関係を表したグラフ

⚠ グラフは原点を通る直線

⬇

グラフの傾きが大きいのは，
抵抗器 02 ＿＿＿ で，
この抵抗器のほうが電流は
流れ 03 ＿＿＿ 。

オームの法則

□ 04 ＿＿＿：電流の流れにくさを表す量。
単位は 05 ＿＿＿（記号 06 ＿＿＿）。

□ 07 ＿＿＿：抵抗器を流れる電流の大きさは，その両端に加わる電圧の大きさ
に比例するという法則。

☞ 電圧 V〔V〕＝抵抗 R〔Ω〕×電流 I〔A〕

電流 $I = \dfrac{電圧 V}{抵抗 R}$ 　　抵抗 $R = \dfrac{電圧 V}{電流 I}$

式を変形しているだけで，
どの式もオームの法則を
表しているよ。

例 抵抗 20 Ω の電熱線に 0.5 A の電流を流すには，
この電熱線に何 V の電圧を加えたらよいか。

🖊 20〔Ω〕×0.5〔A〕＝10〔V〕 ……（答）

直列回路と並列回路の抵抗

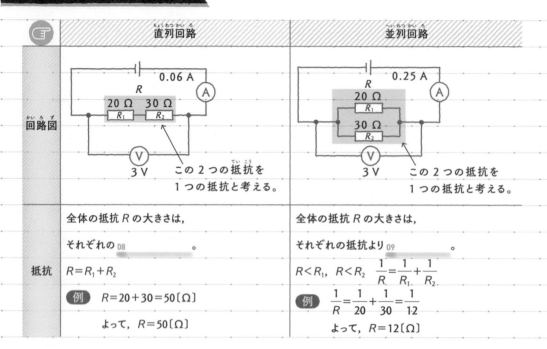

	直列回路	並列回路
回路図	0.06 A ⒶA R 20 Ω R_1 30 Ω R_2 Ⓥ 3 V この2つの抵抗を1つの抵抗と考える。	0.25 A ⒶA R 20 Ω R_1 30 Ω R_2 Ⓥ 3 V この2つの抵抗を1つの抵抗と考える。
抵抗	全体の抵抗 R の大きさは, それぞれの 08 　　　　。 $R=R_1+R_2$ 例 $R=20+30=50$〔Ω〕 よって, $R=50$〔Ω〕	全体の抵抗 R の大きさは, それぞれの抵抗より 09 　　　。 $R<R_1$, $R<R_2$ $\dfrac{1}{R}=\dfrac{1}{R_1}+\dfrac{1}{R_2}$ 例 $\dfrac{1}{R}=\dfrac{1}{20}+\dfrac{1}{30}=\dfrac{1}{12}$ よって, $R=12$〔Ω〕

☐ 並列つなぎと直列つなぎが混じった回路全体の抵抗は,

先に並列つなぎの部分の抵抗を求めてから, 全体の抵抗を求める。

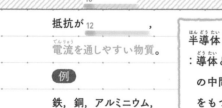

例 右上の回路図の並列つなぎの部分の抵抗 R の大きさは,

 $\dfrac{1}{R}=\dfrac{1}{6}+\dfrac{1}{3}$ より, $\dfrac{1}{R}=\dfrac{1}{2}$ 　　よって, $R=2$〔Ω〕

全体の抵抗の大きさは, 　　　　　 $4+2=6$〔Ω〕 ……（答）

☐ ### 物質の種類と抵抗

10		11 （絶縁体）
抵抗が 12 　　　, 電流を通しやすい物質。 例 鉄, 銅, アルミニウム, ニクロムなど	半導体 ：導体と不導体の中間の性質をもつ物質。 ゲルマニウム, ケイ素など。	抵抗が非常に 13 　　　, 電流をほとんど通さない物質。 例 ガラス, ゴムなど

THEME エネルギー 　**電力・電力量**

まだまだ　もう少し　ばっちり

電力

☐ 01 _____：電流を流すことによって，光，音，熱を発生させたり，物体を
運動させたりする能力のこと。

電気エネルギーの利用例

光の発生	音の発生	熱の発生	物体を動かす
電灯，蛍光灯など	CDプレイヤー，電子オルガンなど	電気ストーブ，ドライヤーなど	扇風機・掃除機のモーターなど

☐ 02 _____：1秒間あたりに使われる電気エネルギーの量。

単位は 03 _____（記号 W），キロワット（記号 kW）。

> 1 kW=1000 W

1 W は，1 V の電圧を加えて 1 A の電流が流れたときの電力。

👉 電力〔W〕= 04 _____〔V〕× 05 _____〔A〕

消費電力

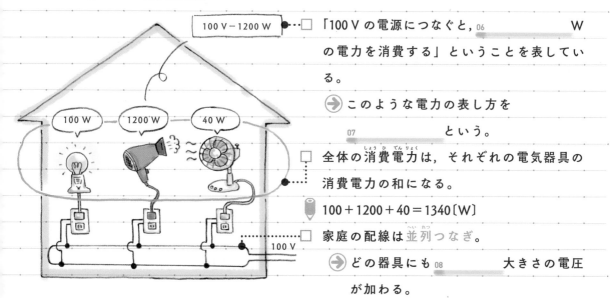

100 V−1200 W ●…☐「100 V の電源につなぐと，06 _____ W
の電力を消費する」ということを表してい
る。

➡ このような電力の表し方を
07 _____ という。

☐ 全体の消費電力は，それぞれの電気器具の
消費電力の和になる。

🔋 100＋1200＋40＝1340〔W〕

☐ 家庭の配線は 並列つなぎ。

➡ どの器具にも 08 _____ 大きさの電圧
が加わる。

100 W　1200 W　40 W

100 V

電流による発熱

□ 09 ＿＿＿＿＿：電熱線などに電流を流したときに発生する熱の量。

　　　　　　単位は 10 ＿＿＿＿（記号 11 ＿＿＿＿）。

> 熱量〔J〕＝電力〔W〕×時間〔s〕

□ 1Wの電力で電流を1秒間流すと，1Jの熱量が発生する。

実験 電熱線から発生する熱で水をあたため，発熱量と時間，電力の関係を調べる。

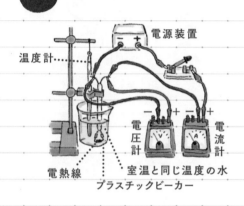

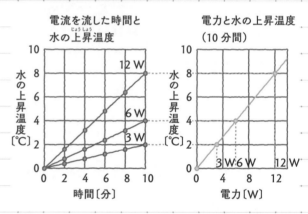

→ 電熱線の発熱量は，電力と電流を流した時間に比例する。

□ 熱量と水の上昇温度：水1gの温度を1℃上昇させるのに必要な熱量は，

　　　　　　　　約 12 ＿＿＿＿ J。

電力量

□ 電力量：電気器具などで一定時間に消費された電気エネルギーの量。

　　　　　単位はジュール（記号 J）やワット時（記号 Wh），キロワット時（記号 kWh）。

> 電力量〔J〕＝電力〔W〕×時間〔 13 ＿＿＿ 〕
> 電力量〔Wh〕＝電力〔W〕×時間〔 14 ＿＿＿ 〕

　　　　　　　　　　時間の単位 s は
　　　　　　　　　　秒 (second) を，h は
　　　　　　　　　　時間 (hour) を表しているよ。
　　　　　　　　　　1 h＝3600 s

例 消費電力1200Wのドライヤーを4分間使用した。このときの電力量は何kJか。

1200〔W〕×4×60〔s〕＝288000〔J〕＝ 288〔kJ〕 ……（答）

THEME エネルギー **電流のまわりの磁界**

√ まだまだ　√ もう少し　√ ばっちり

磁力と磁界

□ 磁力：磁石の極の間や磁石の極と鉄片などの間にはたらく，磁石による力。

□ 01 ＿＿＿＿＿＿：磁力がはたらく空間。

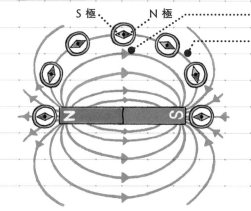

S極　　　N極

□ 磁界の向き：磁針の 02 ＿＿＿ 極が指す向き。

□ 磁力線：磁界の向きに沿ってかいた線。

N極からS極に向かう。

磁界が強いほど，磁力線の間隔は

03 ＿＿＿＿＿＿。

⚠ とちゅうで枝分かれしたり，交わったりしない。

電流のまわりの磁界

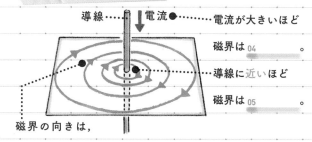

導線‥‥　電流●‥‥　電流が大きいほど

磁界は 04 ＿＿＿＿＿。

導線に近いほど

磁界は 05 ＿＿＿＿＿。

磁界の向きは，

06 ＿＿＿＿＿ の向きによって決まる。

右ねじ

右ねじを　＝ 磁界の
回す向き　　向き

右ねじの
進む向き
＝電流の向き

コイルがつくる磁界

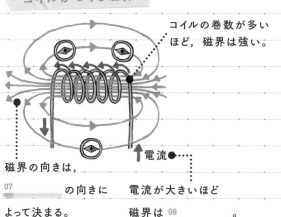

コイルの巻数が多い
ほど，磁界は強い。

磁界の向きは，

07 ＿＿＿＿＿ の向きに　電流が大きいほど

よって決まる。　　磁界は 08 ＿＿＿＿＿。

右手の4本の指で
電流の向きにコイルをにぎる。

右手

電流

親指を開いた向きがコイルの
内側の磁界の向き。

電流が磁界から受ける力

□ **電流が磁界の中で受ける力**：磁界中の導線に電流を流すと，導線は磁界から力を受けて
動く。受ける力の大きさは電流が大きいほど，磁界が強い
ほど，大きくなる。

□ 電流が磁界の中で受ける力の向き

基本の形

電流

電流の向き

磁界の向き

09

フレミングの左手の法則

磁界の向き（人差し指）

電流の向き（中指）

受ける力の向き（親指）

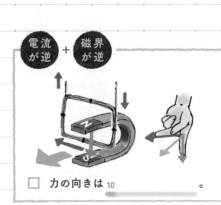

電流が逆 + 磁界が逆

□ 力の向きは 10 　　　　　。

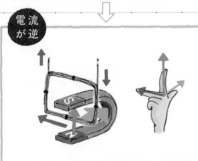

電流が逆

磁界が逆

□ 力の向きは

11 　　　　　。

モーターが回転するしくみ

□ 12 　　　　　：磁界の中にコイルを入れ，コイルに電流を流すと，電流が磁界から受
ける力によってコイルが連続して回転する機械。

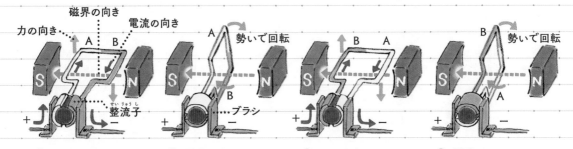

力の向き　磁界の向き　電流の向き

A　B

S　N

整流子

ブラシ

A 勢いで回転

B

S　N

B　A

S　N

B 勢いで回転

A

S　N

❶ Aは上向き，Bは
下向きの力を受ける。

❷ 電流は流れない。

❸ Aは下向き，Bは
上向きの力を受ける。

❹ 電流は

13 　　　　　。

THEME　エネルギー　**電磁誘導**

電磁誘導

□ 電磁誘導：コイルの中の 01 [　　　] が変化することで，コイルに電流を流そうとする 02 [　　　] が生じる現象。このとき流れる電流を 03 [　　　] という。

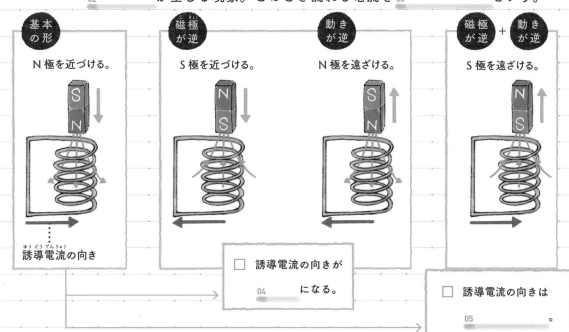

基本の形	磁極が逆	動きが逆	磁極が逆 ＋ 動きが逆
N極を近づける。	S極を近づける。	N極を遠ざける。	S極を遠ざける。

誘導電流の向き

□ 誘導電流の向きが 04 [　　　] になる。

□ 誘導電流の向きは 05 [　　　]。

□ 誘導電流を大きくする方法

❶コイルの中の磁界の変化を大きくする。

・コイルの中の磁界を速く変化させる。

・磁石の磁力を強くする。

❷コイルの巻数を多くする。

□ 電磁誘導の利用

非接触型 IC カード

マイクロホン

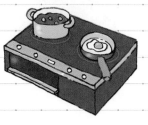

電磁調理器

直流と交流

□ 06 _____ ：一定の向きに流れる電流。 例 乾電池などの電流

□ 07 _____ ：流れる向きが周期的に変わる電流。 例 コンセントから得られる電流

➡ 交流は，発電機の中の磁石を回転させることで生じる。（磁界が変化する向きにより，誘導電流の向きが変わる。）

□ 周波数：交流が1秒間にくり返す電流の向きの変化の回数。単位は 08 _____ （記号 Hz）。

オシロスコープの波形

□ 09   10

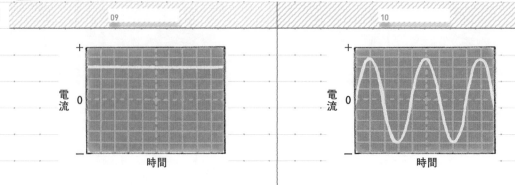

発光ダイオードの光り方

□ 11   12

発光ダイオードを乾電池につないで
左右に振ってみる。

発光ダイオードをコンセントに
つないで左右に振ってみる。

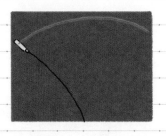 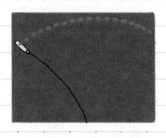

⚠ 発光ダイオードは，＋側の導線（長い側）から電流が流れこむときだけ
点灯し，電流の向きが逆のときは点灯しない。

－側
＋側

THEME エネルギー **電流の正体・放射線**

静電気と電流の正体

□ 01 _____ ：2種類の物質を摩擦したときに，物体間で－の電気（電子）が移動することで物体が帯びる電気。＋の電気と－の電気があり，異なる種類の電気は引き合い，同じ種類の電気は 02 _____ 。

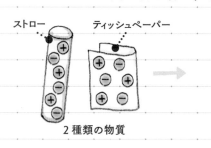

ストロー　ティッシュペーパー

摩擦する。

－の電気が移動する。

2種類の物質

－の電気を帯びる。　＋の電気を帯びる。

└─ 引き合う。

□ 放電：電気が空間を移動したり，たまっていた電気が流れ出したりする現象。 例 雷

□ 03 _____ ：気圧が低い空間に電流が流れる現象。

□ 陰極線（電子線）：放電管内を－極から＋極に向かう電子の流れ。

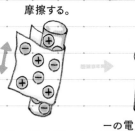

スリット　蛍光板

電極板の－極

U字形磁石

－極　＋極　－極　＋極　－極　＋極

真空放電管
（クルックス管）

電極板
の＋極

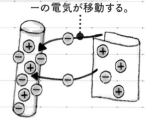

□ 陰極線は 04 ____ 極から出て直進する。

□ 電極板に電圧を加えると＋極側に曲がる。

➡ 陰極線は－の電気をもつものの流れ。

□ 磁石を近づけると曲がる。

➡ 陰極線は磁界から力を受ける。

□ 電流の正体：電流は 05 _____ の移動。電圧を加えたとき，電子は－極から＋極に向かって移動する。

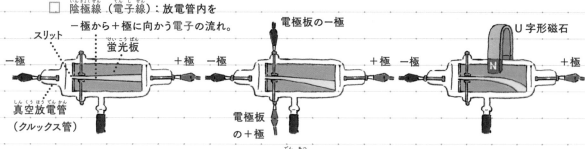

電子が移動する向き

電子

電流の向き

電子の移動する向き	－極から＋極
電流の向き	＋極から－極と決められている。

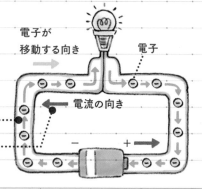

放射線

☐ 放射線の発見：1895 年，ドイツのレントゲンが，真空放電の実験中に放電管から出ている目に見えないものを発見し，それを 06 _____ と名づけた。

☐ 07 _____ ：X 線，08 _____ 線，β 線，γ 線などの，物質を透過する性質をもつもの。

☐ 09 _____ ：放射線を出す物質。 例 ウラン，ポロニウム，ラジウムなど

☐ 放射能：放射線を出す能力。

☐ 放射線の性質

❶ 物質を 10 _____ 性質（透過性）。

　→ 放射線の種類によって透過する力（透過力）が異なる。

❷ 物質の性質を変える。

　→ 工業製品の材料の改良に利用される。

❸ 細胞を損傷させたり，死滅させたりする。

　→ 生物が放射線を浴びる（被曝する）と健康な細胞が傷つくことがある。

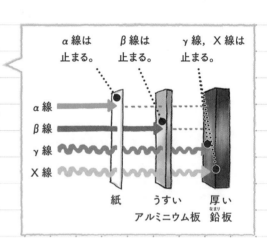

α 線は止まる。　β 線は止まる。　γ 線，X 線は止まる。

α 線
β 線
γ 線
X 線

紙　うすいアルミニウム板　厚い鉛板

☐ 放射線の利用

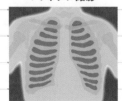
レントゲン撮影

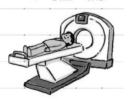
がんの検査・治療

工業製品の材料の改良

手荷物検査

農作物の品種改良

THEME 地球 **圧力・大気圧**

✓ まだまだ　✓ もう少し　✓ ばっちり

圧力

> 単位面積とは，1 m² や 1 cm² だね。

☐ 01 ＿＿＿＿＿＿：単位面積あたりに垂直にはたらく力の大きさ。

☐ 圧力の単位：パスカル（記号 Pa）（1 Pa ＝ 1 N/m²（ニュートン毎平方メートル））

☞ 圧力〔Pa〕＝ $\dfrac{\text{面を垂直に押す}\ \text{02}\ \underline{\hspace{2em}}\ 〔N〕}{\text{力がはたらく}\ \text{03}\ \underline{\hspace{2em}}\ 〔m^2〕}$

例 面積 4 m² の面に 60 N の力がはたらいている。

この面にはたらいている圧力の大きさは，

$\dfrac{60〔N〕}{4〔m^2〕} ＝$ 04 ＿＿＿＿ 〔Pa〕 である。

☐ 圧力のはたらき方：

圧力は，力の大きさに 05 ＿＿＿＿＿ し，力がはたらく面積に反比例する。

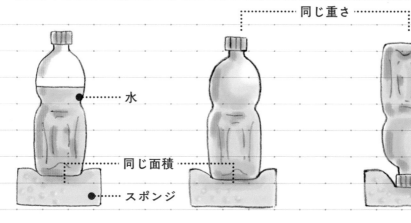

・・・・・・ 同じ重さ ・・・・・・

・・・・ 水

・・・・ 同じ面積

・・・・ スポンジ

同じ面積

押す力が小さい。
➡ 圧力は 06 ＿＿＿＿。

押す力が大きい。
➡ 圧力は 07 ＿＿＿＿。

同じ重さ

面積が大きい。
➡ 圧力は 08 ＿＿＿＿。

面積が小さい。
➡ 圧力は 09 ＿＿＿＿。

No.

理科
SCIENCE
THE LOOSE-LEAF STUDY GUIDE
GAKKEN PLUS

Date

LOOSE-LEAF COLLECTION
2

THEME 圧力・大気圧

空気の圧力

☐ 10 ＿＿＿＿＿：空気の重さ（空気にはたらく重力）によって生じる圧力。

☐ 大気圧の単位：単位 11 ＿＿＿＿＿（記号 hPa）（1 hPa ＝ 100 Pa）

　　　　1 気圧 ＝ 約 1013 hPa ＝ 約 101300 N/m^2

☐ 大気圧のはたらき方：

・上空にいくほど（高いところほど）小さい。

・あらゆる方向からはたらき，同じ標高では同じ大きさではたらく。

☐ 大気圧の場所による変化

> 海面からの高さが高くなると，
> その上にある空気の量が少なくなる。
> ➡ 大気圧の大きさは 12 ＿＿＿＿＿なる。

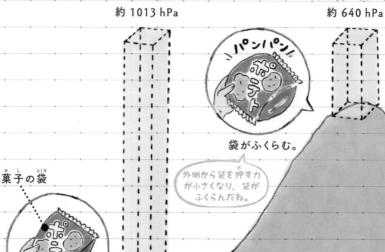

標高 0 m の
地点だよ。

山の麓
約 1013 hPa

とある高い山の山頂
約 640 hPa

∥パンパン∥

袋がふくらむ。

外側から袋を押す力
が小さくなり，袋が
ふくらんだね。

菓子の袋

THEME 地球 **前線と天気の変化**

気象観測

☐ 天気：空全体を 10 として，雲が占める割合（雲量）で表す。 **例**　　天気図記号

雲量	0～1	2～8	9～10
天気	快晴	晴れ	01

☐ 天気図：観測地点の天気，前線，等圧線などを，
天気図の記号を用いて地図にかきこんだもの。

○ 快晴	◑ 02	◎ くもり	● 雨
⊖ 雷	✳ 雪	△ あられ	◉ 霧

風向
北北東

}風力
風力 4

天気
くもり

☐ 風向・風速（風力）：風向は風の ふいてくる方向 を
　　　　　　　　　　　　　　　　　　　01 　　　方位で表す。風力は風力階級表で求める。

☐ 気温：地上から約 04 　　　　m の高さで，風通しのよい日かげではかる。

☐ 湿度：乾球温度計と湿球温度計の示度の差から，05 　　　　を使って求める。

☐ 気圧：アネロイド気圧計や水銀気圧計などではかる。単位は〔hPa〕を使う。

☐ 等圧線：同時刻に観測した気圧が等しい地点をなめらかに結んだ曲線。
　　　　　　1000 hPa を基準に 06 　　　hPa ごとに引き，20 hPa ごとに太線にする。

気圧と風

☐ 高気圧・低気圧と風のふき方（北半球）

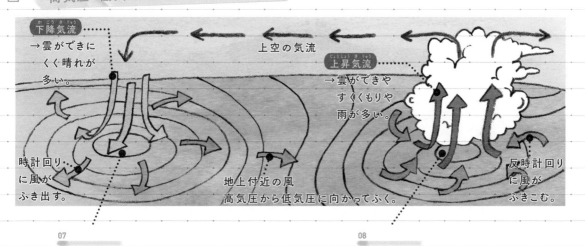

下降気流
→雲ができにくく晴れが多い。

上空の気流

上昇気流
→雲ができやすくくもりや雨が多い。

時計回りに風がふき出す。

地上付近の風
高気圧から低気圧に向かってふく。

反時計回りに風がふきこむ。

07 　　　　　　　　：まわりより気圧が高いところ

08 　　　　　　　　：まわりより気圧が低いところ

気団と前線

☐ 09＿＿＿＿＿：気温や湿度がほぼ一様な大きな空気のかたまり。冷たい気団の寒気団と，
あたたかい気団の暖気団がある。

☐ 前線：2つの気団の境界面である前線面と，地表面が交わるところ。

温暖前線	寒冷前線
暖気が寒気の上にはい上がって進む。	寒気が暖気を押し上げて進む。
10＿＿ 前線	11＿＿ 前線
寒気と暖気の勢力がほぼ同じで，ほとんど動かない。	寒冷前線が温暖前線に追いついてできる。

☐ 温帯低気圧：日本を含む中緯度帯（北緯および南緯
30 ～ 60°の地域）で発生する低気圧。
温暖前線と寒冷前線をともなう。

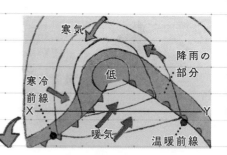

X－Yの断面図

☐ 前線と天気の変化

寒冷前線の通過後
：雨はやみ，北寄りの風がふく。気温は低下する。

寒冷前線の通過時
：強い雨が短時間降る。

温暖前線の通過後
：天気が回復。気温が上昇し，南寄りの風がふく。

温暖前線の通過時
：弱い雨が広い範囲に長時間降り続く。

THEME　地球　**雲のでき方と大気の動き**

空気中の水蒸気

☐ 01 _____ ：1 m³ の空気がその温度で含むことのできる水蒸気の最大質量。

気温が高いほど，飽和水蒸気量の値は 02 _____ なる。

☐ 03 _____ ：水蒸気を含む空気が冷やされて，水蒸気が水滴になり始めるときの温度。

空気中の水蒸気量が多いほど，露点は 04 _____ なる。

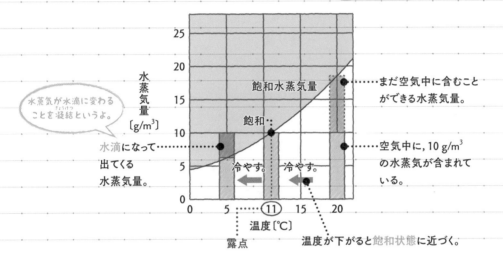

水蒸気が水滴に変わることを凝結というよ。

まだ空気中に含むことができる水蒸気量。

空気中に，10 g/m³ の水蒸気が含まれている。

水滴になって出てくる水蒸気量。

冷やす。　冷やす。

露点

温度が下がると飽和状態に近づく。

☐ 湿度：空気の湿りぐあい。

$$湿度〔\%〕 = \frac{1 \, m^3 \text{の空気に含まれる } 05 \text{_____ の質量〔g/m}^3\text{〕}}{\text{その空気と同じ気温での } 06 \text{_____ 〔g/m}^3\text{〕}} \times 100$$

雲のでき方

0 ℃以下になると氷の粒になる。

水滴

❹水蒸気が水滴や氷の粒となって 08 _____ ができる。

❸空気が 07 _____ に達する。

雲

降水

❷空気が膨張して温度が下がる。 上昇

膨張

❶水蒸気を含む空気が上昇する。

雲ができる高さ

水蒸気　空気

地面

上空ほど気圧が低い。

☐ 水の循環

：地球上の水は太陽の光のエネルギーによって，固体，気体，液体と姿を変えながら循環している。

大気の動き

☐ 09 _____ ：日本を含む中緯度帯の上空で，
1年中ふいている西寄りの
風。

→ 日本付近の移動性高気圧や低気圧は，西
から東へ移動する。そのため，日本付近
の天気は，10 _____ から 11 _____ へ移り変
わることが多い。

地球の大気の循環　　自転方向

☐ 海陸風：夜は陸から海へ向かう陸風，昼は海
から陸へ向かう海風がふく。

→ 陸は海よりも温度変化が大きいため，昼は海よりあたたかく，夜は海より冷たくなる。

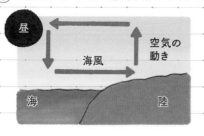

昼　　海風　　空気の動き　　海　　陸

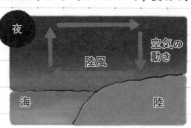

夜　　陸風　　空気の動き　　海　　陸

☐ 12 _____ ：季節によってふく特徴的な風。
日本付近では，冬は 13 _____ の季節風，夏は南東の季節風がふく。

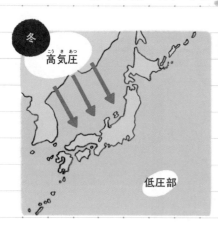

冬　　高気圧　　低圧部

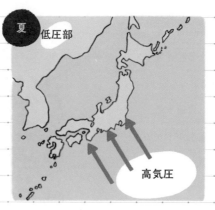

夏　　低圧部　　高気圧

季節風の影響で，
冬は日本海側で
雪が多く，夏は
むし暑いね。

THEME　地球　**日本の天気と気象災害**

まだまだ ✓　もう少し ✓　ばっちり ✓

日本の天気

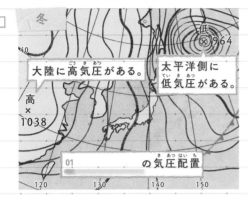

冬

低 ⊗ 964

大陸に高気圧がある。

太平洋側に低気圧がある。

高 × 1038

01　　　　　　　の気圧配置

・日本海側で雪，太平洋側で晴れが多い。

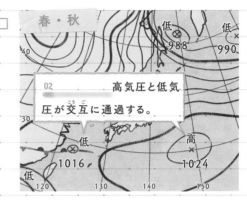

春・秋

低 ⊗ 988　低 × 990

02　　　　　　高気圧と低気圧が交互に通過する。

低 ⊗ 1016　高 × 1024

低

・天気は周期的に変わる。

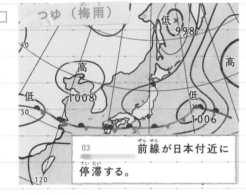

つゆ（梅雨）

低 × 998

高

高 1008

低

低 × 1006

03　　　　　　前線が日本付近に停滞する。

・雨の日が多い。

夏

低 ⊗ 1000　低 996　低 ⊗ 1000

低

大陸に低気圧がある。

太平洋高気圧の勢力が強い。

高

高 × 1016

・むし暑い日が続く。

日本列島周辺の気団

☐ シベリア気団：**04**　　　　に発達。

➡ シベリア高気圧による。

☐ オホーツク海気団：梅雨のころ，小笠原気団と

勢力がつり合う。

➡ **05**　　　　前線（停滞前線）の原因。

☐ 小笠原気団：夏に発達。

➡ 太平洋高気圧による。

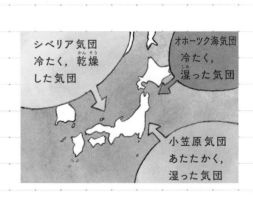

シベリア気団　冷たく，乾燥した気団

オホーツク海気団　冷たく，湿った気団

小笠原気団　あたたかく，湿った気団

台風

☐ 台風：熱帯低気圧で，中心付近の最大風速が 17.2 m/s 以上になったもの。

・温帯低気圧と異なり，06 _____ をともなわない。

・夏から秋に日本付近にやってくる。

・はじめは北西に向かって進み，太平洋高気圧のふちに

沿って北東に進む。その後，07 _____ の影響により

速さを増して日本に近づく。

・強風による被害，大雨による被害をもたらす。

・最後は，温帯低気圧や熱帯低気圧に変わる。

(気象庁)

> 衛星写真では，
> 厚いうず状の
> 雲に写るね。

気象現象による恵みと災害

恵み

☐ 豊富な雨量により十分な水資源となる。

　➡ 農業や発電への利用，飲料水の確保，美しい景観を生み出す。

災害

☐ 局地的大雨：積乱雲の急速な発達により短時間にせまい範囲で降る記録的な大雨。

☐ 洪水：河川の氾濫。田畑や家屋が浸水することがある。

☐ 土砂災害：がけくずれ・地すべり・土石流など。道路や建物が破壊されることがある。

災害への対策

☐ 08 _____ ：地域において，災害が発生すると予想される範囲と避難経路な

どが示された地図。

気象庁の発表

☐ 注意報：災害が発生するおそれがあるときに発表される。

☐ 09 _____ ：重大な災害が発生するおそれがあるときに発表される。

☐ 10 _____ ：重大な災害が発生するおそれが著しく大きいときに発表される。

P.71　物質　原子・分子

01 原子　02 できない　03 新しく　04 元素　05 Fe　06 O　07 周期表　08 分子　09 水

10 二酸化炭素　11 単体　12 化合物　13 H_2　14 H_2O　15 Mg　16 NaCl　17 $2H_2O$

P.73　物質　分解・化学変化

01 化学変化（化学反応）　02 分解　03 二酸化炭素　04 水　05 銀　06 水素　07 酸素　08 つかない

09 FeS　10 $2H_2O$　11 CO_2

P.75　物質　酸化・還元

01 酸化　02 燃焼　03 酸化鉄　04 酸化　05 二酸化炭素　06 酸化マグネシウム　07 二酸化炭素

08 還元　09 酸化　10 銅　11 二酸化炭素　12 還元　13 酸化　14 還元　15 酸化

P.77　物質　化学変化と物質の質量・温度の変化

01 質量保存の法則　02 沈殿（硫酸バリウム）　03 変わらない　04 小さく　05 変わらない

06 一定　07 比例　08 1　09 2　10 発熱反応　11 吸熱反応　12 発生（放出）　13 吸収

P.79　生命　細胞

01 細胞　02 核　03 細胞膜　04 細胞壁　05 液胞　06 葉緑体　07 細胞質　08 二酸化炭素

09 単細胞生物　10 多細胞生物　11 組織　12 器官　13 個体

P.81　生命　植物のからだのつくりとはたらき・顕微鏡

01 道管　02 師管　03 気孔　04 蒸散　05 師管　06 道管　07 根毛　08 接眼　09 レボルバー

10 対物　11 しぼり　12 反射鏡　13 反射鏡　14 近づける　15 遠ざけ（離し）　16 せまく

P.83　生命　光合成・呼吸

01 光合成　02 水　03 酸素　04 ヨウ素液（ヨウ素溶液）　05 当てた　06 当てなかった

07 葉緑体　08 デンプン　09 呼吸　10 呼吸　11 白くにごった　12 二酸化炭素

P.85　生命　消化と吸収

01 消化　02 消化管　03 小腸　04 消化酵素　05 デンプン　06 胆汁　07 アミノ酸　08 脂肪酸

09 柔毛　10 脂肪　11 リンパ管　12 毛細血管

P.87　生命　呼吸・血液循環・排出

01 気管支　02 横隔膜　03 肺胞　04 酸素　05 二酸化炭素　06 赤血球　07 白血球　08 血しょう　09 組織液

10 酸素　11 二酸化炭素　12 肺静脈　13 動脈（大動脈）　14 栄養分（養分）　15 尿素　16 胆汁

P.89　生命　刺激と反応

01 感覚器官　02 脳　03 網膜　04 脳　05 鼓膜　06 末しょう神経　07 中枢神経（脳や脊髄）

08 反射　09 骨格　10 関節

中2理科の解答

P.91 エネルギー　回路の電流・電圧

01 回路　02 ＋　03 －　04 スイッチ　05 抵抗器（電気抵抗，抵抗）　06 電流計　07 アンペア　08 A

09 ボルト　10 V　11 同じ（等しい）　12 同じ（等しい）　13 同じ（等しい）　14 同じ（等しい）

P.93 エネルギー　回路の抵抗

01 比例　02 B　03 やすい　04 電気抵抗（抵抗）　05 オーム　06 Ω　07 オームの法則　08 抵抗の和

09 小さい　10 導体　11 不導体　12 小さく　13 大きく

P.95 エネルギー　電力・電力量

01 電気エネルギー　02 電力　03 ワット　04 電圧　05 電流　06 1200　07 消費電力

08 同じ（等しい）　09 熱量　10 ジュール　11 J　12 4.2　13 s　14 h

P.97 エネルギー　電流のまわりの磁界

01 磁界　02 N　03 せまい　04 強い　05 強い　06 電流　07 電流　08 強い

09 （受ける）力の向き　10 変わらない　11 逆になる　12 モーター（電動機）　13 流れない

P.99 エネルギー　電磁誘導

01 磁界　02 電圧　03 誘導電流　04 逆　05 変わらない　06 直流　07 交流　08 ヘルツ

09 直流　10 交流　11 直流　12 交流

P.101 エネルギー　電流の正体・放射線

01 静電気　02 しりぞけ合う（反発する）　03 真空放電　04 －　05 電子　06 X線　07 放射線

08 α　09 放射性物質　10 通りぬける（透過する）

P.103 地球　圧力・大気圧

01 圧力　02 力（の大きさ）　03 面積　04 15　05 比例　06 小さい　07 大きい　08 小さい

09 大きい　10 大気圧（気圧）　11 ヘクトパスカル　12 小さく

P.105 地球　前線と天気の変化

01 くもり　02 晴れ　03 16　04 1.5　05 湿度表　06 4　07 高気圧　08 低気圧　09 気団

10 停滞　11 閉塞

P.107 地球　雲のでき方と大気の動き

01 飽和水蒸気量　02 大きく　03 露点　04 高く　05 水蒸気　06 飽和水蒸気量　07 露点

08 雲　09 偏西風　10 西　11 東　12 季節風　13 北西

P.109 地球　日本の天気と気象災害

01 西高東低　02 移動性　03 梅雨（停滞）　04 冬　05 梅雨　06 前線　07 偏西風　08 ハザードマップ

09 警報　10 特別警報

THE
LOOSE-LEAF
STUDY GUIDE
2
FOR JHS STUDENTS

中2

社会

SOCIAL STUDIES

A LOOSE-LEAF COLLECTION
FOR A COMPLETE REVIEW OF ALL 5 SUBJECTS
GAKKEN PLUS

学習内容

地理		学習日	テスト日程
1	世界と日本の人口，資源とエネルギー		
2	日本の産業，交通網，通信網		
3	九州地方		
4	中国・四国地方		
5	近畿地方		
6	中部地方		
7	関東地方		
8	東北地方		
9	北海道地方，身近な地域		

歴史		学習日	テスト日程
10	ヨーロッパ世界の成立と発展		
11	織田信長・豊臣秀吉の全国統一		
12	江戸幕府の成立と鎖国		
13	元禄文化と享保の改革		
14	学問の発達と幕府政治のくずれ		
15	ヨーロッパの近代化と開国		
16	明治維新		
17	立憲政治の始まり		
18	日清戦争と日露戦争		

TO DO LIST

やることをリストにしよう！重要度を☆で示し、できたら□に印をつけよう。

□ ☆☆☆　　　　　　　　　　　　　　□ ☆☆☆

□ ☆☆☆　　　　　　　　　　　　　　□ ☆☆☆

□ ☆☆☆　　　　　　　　　　　　　　□ ☆☆☆

□ ☆☆☆　　　　　　　　　　　　　　□ ☆☆☆

THEME 地理 **世界と日本の人口，資源とエネルギー**

まだまだ　もう少し　ばっちり

世界と日本の人口

世界の人口

☐ 世界の人口は約78億人（2020年）。
発展途上国で人口が急増（人口爆発）。

☐ 01＿＿＿＿：
ある国や地域の人口
を面積で割った値。

日本は，人口密度が
高い国の一つ。

主な国の人口密度

日本
339人/km²

アメリカ合衆国
33人/km²

オーストラリア
3人/km²

👤＝1つが10人を表す

（2019年）（2020/21年版「日本国勢図会」）

日本の人口分布

☐ 日本の人口は約1億2600万人
で，世界でも多い国。

札幌市，仙台市，広島市，福岡市など。

➡ 02＿＿＿＿や地方中枢都市に集中。

☐ 03＿＿＿＿：人口や産業が集中しすぎる状態。

☐ ドーナツ化現象：都心の人口が減り，周辺の人
口が増加した。 ➡ 再び都心回帰が進む。

☐ 04＿＿＿＿：人口が著しく減少し，社会生活の
維持が困難な状態。 ➡ 農村や山間部が中心。

02への人口集中

総人口1億2617万人（2019年）

東京50km圏
27.0%　　13.2　7.4　　その他

大阪50km圏　　　　名古屋50km圏

（2020/21年版「日本国勢図会」）

日本の人口の移り変わりと将来推計

1.4億人

将来推計

1.2

1.0

65歳以上

0.8

15〜64歳

0.6

0.4

0.2

0〜14歳

1930　50　70　90　2010　30　50年

（「日本統計年鑑」ほか）

人口構成

☐ 05＿＿＿化：日本は人口が減少しはじめ，
世界でも高齢化が最も進んだ国の一つ。

☐ 06＿＿＿＿：国や地域の人口の割合を男女別，年齢別に示したグラフ。

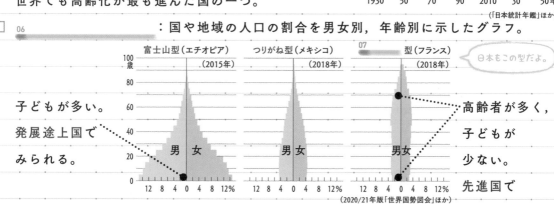

富士山型（エチオピア）
（2015年）

つりがね型（メキシコ）
（2018年）

07＿＿＿型（フランス）
（2018年）

日本もこの型だよ。

子どもが多い。
発展途上国で
みられる。

男女　　　男女　　　男女

12 8 4 0 4 8 12%　　12 8 4 0 4 8 12%　　12 8 4 0 4 8 12%

（2020/21年版「世界国勢図会」ほか）

高齢者が多く，
子どもが
少ない。
先進国で
みられる。

No.

Date

社会
SOCIAL STUDIES

THE LOOSE-LEAF STUDY GUIDE
GAKKEN PLUS

LOOSE-LEAF COLLECTION
2

THEME 世界と日本の人口，資源とエネルギー

世界と日本の資源

☐ 08 _____ 資源：エネルギー源や工業製品の原料となる鉱物。

世界の主な鉱産資源の分布

石炭は世界各地，09 _____ はペルシア（ペルシャ）湾沿岸などにかたよって分布。

＃ 石油　■ 石炭　▲ 鉄鉱石

（「ディルケ世界地図」）

☐ 日本は鉱産資源を輸入に頼っている。 ➡ エネルギー自給率がかなり低い。

日本の石油の輸入先

計1.7億kL

| 10 _____ 35.8% | アラブ首長国連邦 29.7 | カタール 8.8 | クウェート 8.5 | ロシア 5.4 | その他 |

（2019年）（2020/21年版「日本国勢図会」）

日本の石炭の輸入先

計1.9億t

| 11 _____ 58.7% | インドネシア 15.1 | アメリカ合衆国 ロシア 10.8 | 7.1 | その他 |

（2019年）（2020/21年版「日本国勢図会」）

日本のエネルギー

発電所の分布

火力発電所と原子力発電所は臨海部，水力発電所は山間部に多い。

（▲と●は2019年，■は2020年）

☐ 12 _____ 発電所（▲）：

☐ 13 _____ 発電所（●）：

(Cynet Photo)

☐ 14 _____ 発電所（■）：
ウランなどが燃料。

（2020/21 年版「日本国勢図会」）

地球温暖化の原因となる二酸化炭素の排出量が多い。

☐ 15 _____ な開発目標（SDGs）：
国連で採択された 17 の目標。 ➡ 15 _____ な社会の実現を目指す。

7 エネルギーをみんなに そしてクリーンに

13 気候変動に 具体的な対策を

風力発電

太陽光発電

☐ 16 _____ エネルギーの利用やリサイクルの取り組み。

THEME 地理 **日本の産業，交通網，通信網**

産業の分類

☐	第一次産業	自然に働きかけて動植物を得る	農業，林業，漁業など
	第二次産業	工業原料や製品を生産する	工業（製造業），鉱業，建設業など
	第三次産業	ものの流通やサービスに関わる	商業，サービス業など

日本の第一次産業

農業

☐ 01＿＿＿＿＿＿＿：国内で消費する食

料のうち，国内生産でまかなえる割合。

➡ 日本は，農産物の輸入自由化など

により大幅に下がった。

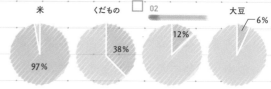

日本の食料自給率

米 97%　くだもの 38%　02 12%　大豆 6%

（2018年度）（2020/21年版「日本国勢図会」）

☐ 稲作：さかんな東北地方と北陸は日本の穀倉地帯と呼ばれる。

☐ 03＿＿＿＿＿農業：

大都市の近く。

輸送費を抑えら

れる。

☐ 04＿＿＿＿＿栽培：

ビニールハウスな

どで栽培。出荷時

期を早める。

☐ 課題：海外産の農産物との競争，高齢化，後継者不足など。

漁業

☐ 日本の周囲の海は世界有数の好漁場。

☐ 漁獲量が大幅に減少したことから，

育てる漁業に力を入れている。

⚠ 05＿＿＿＿＿業　⚠ 06＿＿＿＿＿漁業

放流はしない

いけすなどで育てる

途中で放流する

☐ 07＿＿＿＿＿漁業：各国の排他的経済水

域の設定により，漁獲量が減少。

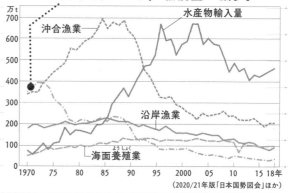

漁業種類別漁獲量と水産物輸入量の変化

水産物輸入量

沖合漁業

沿岸漁業

海面養殖業

1970 75 80 85 90 95 2000 05 10 15 18年

（2020/21年版「日本国勢図会」ほか）

No.

Date

社会
SOCIAL STUDIES

LOOSE-LEAF STUDY GUIDE
GAKKEN PLUS

LOOSE-LEAF COLLECTION
2

THEME 日本の産業，交通網，通信網

日本の第二次産業

> 高速道路網の整備などで，内陸部に工業団地が進出したよ。

主な工業地帯・地域

□ 08 _____
ベルト：
関東地方から
九州地方北部。
原料の輸入や製
品の輸送に便利。

■ 工業地帯・地域
北陸工業地域
阪神工業地帯
北九州工業地域（地帯）
瀬戸内工業地域
北関東工業地域
京浜工業地帯
京葉工業地帯
東海工業地域

□ 09 _____
工業地帯：
日本一の
工業出荷額。

□ 日本は 10 _____ 貿易で発展。

□ アメリカなどとの 11 _____ 摩擦を避ける
ため，海外で現地生産する企業が増加。

➡ 産業の 12 _____ が起こる。

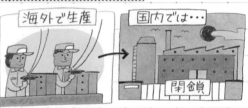

日本の第三次産業

> とくに三大都市圏で割合が高いよ。

□ 13 _____ 業やサービス業など第三次産業で仕
事をする人の割合は，全体の 7 割を超える。

□ 14 _____ （ICT）産業が成長。

日本の産業別人口の割合

第一次産業 3.3%	第二次産業 23.2	第三次産業 73.5

（2019年）（2020/21年版「日本国勢図会」）

交通網

□ 15 _____ 輸送では重くてかさばるもの，
16 _____ 輸送では軽くて高価なもの。

□ 高速交通網：新幹線や高速道路，空港。

> 国内の輸送は自動車が中心だよ。

通信網

□ 高速（情報）通信網：通信ケ
ーブルや通信衛星を利用して，
大量の情報をやりとり。

➡ インターネットが普及。

□ 情報格差：ICT を利用でき
るかどうかで生まれる格差。

2 LOOSE-LEAF COLLECTION

No. 社会
SOCIAL STUDIES

LOOSE-LEAF STUDY GUIDE
GAKKEN PLUS

Date

THEME 地理 **九州地方**

√ まだまだ　√ もう少し　√ ばっちり

九州地方の地形と気候

> 九州地方は日本の南西部にあって，大陸に近いよ。

日本海

筑紫山地
筑紫平野
筑後川
五島列島
有明海
九州山地
雲仙岳（普賢岳）
東シナ海
宮崎平野
○宮崎
桜島（御岳）
薩摩半島
大隅半島
太平洋
沖縄島
那覇
種子島
屋久島

□ 阿蘇山：世界最大級の
01 _____ 。

> 02 _____ ：
> 温泉や地熱発電
> などのめぐみも
> ある。

□ ☞ 03 _____ 台地：
火山灰や軽石
が積もって
できた台地。

◀桜島

□ 夏から秋にかけて，梅雨
や台風の影響で，土石流
などの被害が出る。

那覇

気温（℃）　降水量（mm）
年平均気温23.1℃
年降水量2040.8mm

> □ 南西諸島は，
> 04 ____ 帯
> の気候。

1月　6　12
（令和2年版「理科年表」）

宮崎

気温（℃）　降水量（mm）
年平均気温17.4℃
年降水量2508.5mm

> □ 太平洋側の気候。

1月　6　12
（令和2年版「理科年表」）

九州地方の環境問題

□ 福岡県 05 _____ 市：大気汚染や水質汚濁などの深刻
な公害が発生。➡「廃棄物ゼロ」を目指してリサイク
ルに取り組み，エコタウンに選ばれる。

□ 06 _____ （熊本県水俣市）：四大公害病の一つ。
➡ 環境改善に取り組み，環境モデル都市に指定。

> 北九州市には，リサイクル工場が集まったエコタウンがあるよ。

THEME 九州地方

九州地方の農業，漁業

☐ 07 ＿＿＿平野：九州を代表する稲作地帯。

冬に，水田で小麦などを栽培する 08 ＿＿＿作。

☐ 宮崎平野：きゅうりやピーマンなどの 09 ＿＿＿栽培がさかん。

利点 ほかの産地と出荷時期をずらすことで，野菜を高く売ることができる。

☐ 畜産：鹿児島県や宮崎県で，肉牛やにわとり（肉用），

10 ＿＿＿を飼育。 ➡ ブランド化で外国産に対抗。

☐ 漁業：九州西部の東シナ海に大陸棚が広がり，好漁

場となっている。有明海でのりの養殖がさかん。

> 鹿児島県のシラス台地では，茶の栽培がさかん。

10 の飼育頭数の割合

計916万頭
宮崎 9.1
鹿児島 13.9％
北海道 7.6
群馬 6.9
千葉 6.6
その他
（2019年）（2020/21年版「日本国勢図会」）

九州地方の工業

☐ 11 ＿＿＿工業地域（地帯）：

明治時代の八幡製鉄所の建設によって，

鉄鋼業を中心に発展。

➡ 近年は地位が低下。

☐ 九州各地に IC（集積回路）工場

や自動車工場が進出。

0   100km
福岡県
佐賀県
長崎県
大分県
熊本県
宮崎県
沖縄県
鹿児島県
✦ IC工場
━━ 主な高速道路
（2019年）（2020/21年版「日本国勢図会」ほか）

☐ IC 工場は

12 ＿＿＿

沿いに多い。

沖縄県の産業や課題

☐ 13 ＿＿＿王国：15 世紀以降に栄える。

➡ 首里城，三線やエイサー，郷土料理など独自の文化。

☐ 農業：さとうきびやパイナップルの栽培が中心。

➡ 近年は，花や野菜の栽培がさかんに。

☐ 観光業：遺跡や，美しい自然（14 ＿＿＿）などを

目的に多くの観光客が訪れる。

☐ 課題：開発による環境破壊や，アメリカ軍基地をめぐる問題。

> 2019 年に焼失し，再建を目指している。

首里城（正殿）

> すんだ浅い海に発達。

(Cynet Photo)

THEME 地理 **中国・四国地方**

まだまだ ✓ もう少し ✓ ばっちり ✓

中国・四国地方の地形と都市

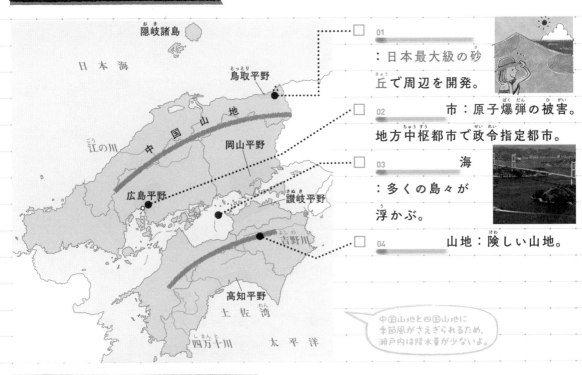

隠岐諸島 (おき しょとう)

日本海

鳥取平野 (とっとり)

中国山地

岡山平野

江の川 (ごうのかわ)

広島平野

讃岐平野 (さぬき)

吉野川 (よしの)

高知平野

土佐湾 (とさわん)

四万十川 (しまんと)

太平洋

□ 01 ＿＿＿＿：日本最大級の砂丘 (きゅう) で周辺を開発。

□ 02 ＿＿＿市：原子爆弾 (ばくだん) の被害 (ひがい)。地方中枢都市 (ちゅうすう) で政令指定都市 (せいれい)。

□ 03 ＿＿＿海：多くの島々が浮かぶ。

□ 04 ＿＿＿山地：険しい山地。

> 中国山地と四国山地に季節風がさえぎられるため，瀬戸内は降水量が少ないよ。

中国・四国地方の地域区分と気候

> 讃岐平野には，水不足に備えるため池が多いよ。

二つの山地を境に，三つの地域に分けられる。

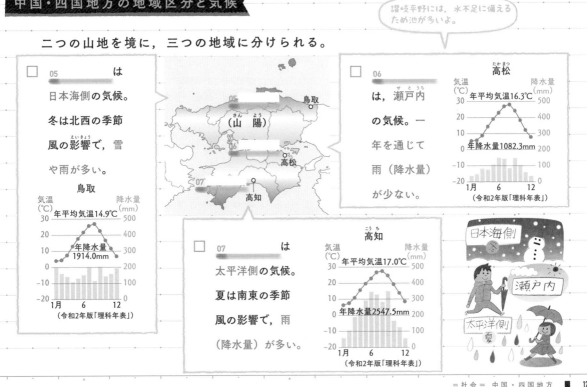

□ 05 ＿＿＿は日本海側の気候。冬は北西の季節風の影響 (えいきょう) で，雪や雨が多い。

鳥取
気温 (℃) 年平均気温14.9℃ 降水量 (mm)
30 — 500
20 — 400
10 — 年降水量 300
0 — 1914.0mm 200
-10 — 100
-20 — 1月 6 12
（令和2年版「理科年表」）

05 鳥取

（山陽）

高松

07 高知

□ 06 ＿＿＿は，瀬戸内 (せとうち) の気候。一年を通じて雨（降水量）が少ない。

高松 (たかまつ)
気温 (℃) 年平均気温16.3℃ 降水量 (mm)
30 — 500
20 — 400
10 — 年降水量1082.3mm 300
0 — 200
-10 — 100
-20 — 1月 6 12
（令和2年版「理科年表」）

□ 07 ＿＿＿は太平洋側の気候。夏は南東の季節風の影響で，雨（降水量）が多い。

高知 (こうち)
気温 (℃) 年平均気温17.0℃ 降水量 (mm)
30 — 500
20 — 400
10 — 年降水量2547.5mm 300
0 — 200
-10 — 100
-20 — 1月 6 12
（令和2年版「理科年表」）

日本海側
瀬戸内
太平洋側 夏

中国・四国地方の交通網

□ 08 [____] 新幹線が東西を結ぶ。

□ 09 [____] ：本州と四国を結ぶ三つのルートにかかる橋の総称。

⚠ □ 10 [____] 橋

明石海峡大橋

西瀬戸自動車道
しまなみ海道

岡山
倉敷
児島
尾道
坂出
明石
鳴門
今治

⚠ 大鳴門橋

□ 中国自動車道や南北を結ぶ高速道路の開通で，内陸部に工業団地が進出した。

瀬戸内の工業

□ 13 [____] 工業地域：瀬戸内海沿岸に形成。鉄鋼業や石油化学工業が発達。

□ 倉敷市水島地区（岡山県）に製鉄所や 14 [____] コンビナート。

自動車 鉄鋼
石油化学 広島 福山
周南 呉 今治 坂出 石油化学
造船 新居浜
タオル

●瀬戸内工業地域

中国・四国地方の農業・漁業

□ 広島湾：11 [____] の養殖。

ずわいがに
らっきょう
日本なし
もも ぶどう
みかん
みかん
すだち
ゆず
みかん ピーマン
真珠 なす
夏みかん
まだい

愛媛県はみかんの生産量が全国有数だよ。

□ 12 [____] 平野：ビニールハウスで野菜の促成栽培。

中国・四国地方の人口問題

□ 瀬戸内に大都市が集中している。

□ 15 [____] 化：山間部などで若者の流出と高齢化が進み，生活が困難になっている。

□ 地域の活性化のために，16 [____] おこし・村おこし（地域おこし）の取り組み。

特産品のブランド化
新とれたて新鮮野菜
地産地消

マンガのキャラクターを活用しているところもあるよ。

2 LOOSE-LEAF COLLECTION

No. 社会
SOCIAL STUDIES
THE LOOSE-LEAF STUDY GUIDE
GAKKEN PLUS

Date

THEME 地理 **近畿地方**

まだまだ　もう少し　ばっちり

近畿地方の地形と気候

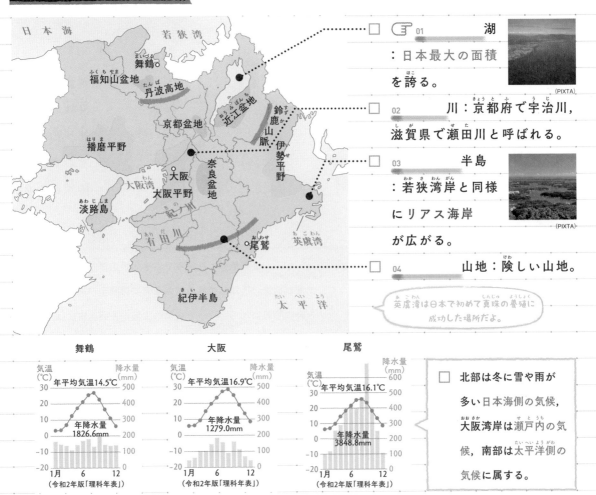

□ ☞ 01 ＿＿＿＿＿＿＿＿ 湖
：日本最大の面積
を誇る。
(PIXTA)

□ 02 ＿＿＿＿＿＿ 川：京都府で宇治川，
滋賀県で瀬田川と呼ばれる。

□ 03 ＿＿＿＿＿＿ 半島
：若狭湾岸と同様
にリアス海岸
が広がる。
(PIXTA)

□ 04 ＿＿＿＿＿＿ 山地：険しい山地。

> 英虞湾は日本で初めて真珠の養殖に
> 成功した場所だよ。

日本海　若狭湾
舞鶴
福知山盆地
丹波高地　近江盆地　鈴鹿山脈
京都盆地　伊勢平野
播磨平野　奈良盆地
大阪
大阪湾　大阪平野
淡路島　紀ノ川
有田川　尾鷲　英虞湾
紀伊半島
太平洋

舞鶴
気温(℃)　降水量(mm)
年平均気温14.5℃
年降水量1826.6mm
1月　6　12
(令和2年版「理科年表」)

大阪
気温(℃)　降水量(mm)
年平均気温16.9℃
年降水量1279.0mm
1月　6　12
(令和2年版「理科年表」)

尾鷲
気温(℃)　降水量(mm)
年平均気温16.1℃
年降水量3848.8mm
1月　6　12
(令和2年版「理科年表」)

□ 北部は冬に雪や雨が
多い日本海側の気候，
大阪湾岸は瀬戸内の気
候，南部は太平洋側の
気候に属する。

大阪大都市圏

> 京阪神大都市圏
> ともいうよ。

□ 大阪大都市圏：大阪市，神戸市，京都市に人口が集中。
→ 郊外の千里や泉北などに 05 ＿＿＿＿＿＿＿＿＿ を形成。

□ 06 ＿＿＿＿ 市：江戸時代に「天下の台所」と呼ばれ，経
済の中心。→ 現在も卸売業などの商業がさかん。

□ 07 ＿＿＿＿ 市：国際都市。人工島のポートアイランド。

□ 私鉄が発達し，関西国際空港が空の玄関口。

(Cynet Photo)

□ 大阪駅周辺や
臨海部などで
08 ＿＿＿＿＿＿ が進む。

社会
SOCIAL STUDIES
No.
Date

THE LOOSE-LEAF STUDY GUIDE
GAKKEN PLUS.

LOOSE-LEAF COLLECTION
2

THEME 近畿地方

琵琶湖の環境問題

- ☐ 琵琶湖は「近畿地方の水がめ」。
  - ➡ ラムサール条約に登録。
- ☐ 09 _____ やアオコの発生。

対策

リンを含む洗剤を禁止！

ヨシ群落を復元！

近畿地方の農業・林業・漁業

かに
京野菜
神戸牛
近江牛
いちご
松阪牛
レタス
たまねぎ　みかん
かき
みかん
真珠
みかん
うめ

高級ブランド牛の飼育がさかんだよ！

- ☐ 英虞湾：真珠の養殖。
- ☐ 紀伊山地：吉野すぎや尾鷲ひのき。

近畿地方の工業

鉄鋼
石油化学
姫路
鉄鋼
神戸　大阪
門真
電気機械
堺
造船
泉佐野
鉄鋼
石油化学
和歌山
せんい
鉄鋼

- ☐ 10 _____ 工業地帯：鉄鋼業や石油化学工業などの重化学工業が発達。近年は工場の閉鎖などで再開発が進む。
  - ➡ 内陸部には 11 _____ 企業の工場が多い。中には，世界有数の高い技術力をもつところもある。
- ☐ 伝統産業がさかんで，多くが 12 _____ に指定。

西陣織　信楽焼　奈良筆

近畿地方の歴史と景観

- ☐ 13 _____ ：都があった奈良（平城京）と京都（平安京）。
- ☐ 世界遺産（文化遺産）のほか，国宝や重要文化財も多い。
  - ➡ 歴史的景観の保全を行う。

(Cynet Photo)

近畿地方の世界遺産

- ☐ 14 _____

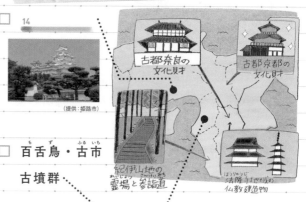

(提供：姫路市)

古都奈良の文化財
古都京都の文化財
紀伊山地の霊場と参詣道
法隆寺地域の仏教建造物

- ☐ 百舌鳥・古市古墳群

THEME　地理　**中部地方**

中部地方の地形と都市，交通

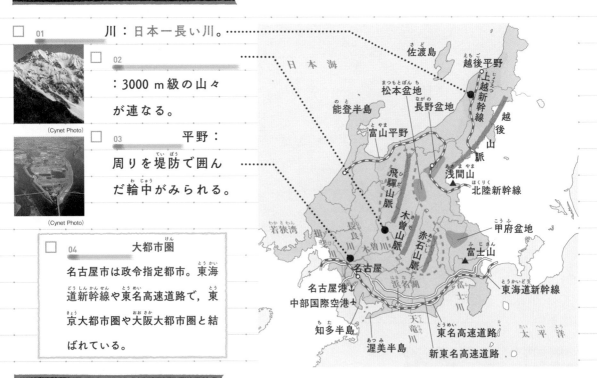

☐ 01 ＿＿＿＿＿川：日本一長い川。

☐ 02 ＿＿＿＿＿：3000 m級の山々が連なる。

(Cynet Photo)

☐ 03 ＿＿＿＿＿平野：周りを堤防で囲んだ輪中がみられる。

(Cynet Photo)

☐ 04 ＿＿＿＿＿大都市圏
名古屋市は政令指定都市。東海道新幹線や東名高速道路で，東京大都市圏や大阪大都市圏と結ばれている。

佐渡島
日本海
越後平野
上越新幹線
松本盆地
長野盆地
能登半島
越後山脈
富山平野
浅間山
飛驒山脈
北陸新幹線
木曽山脈
甲府盆地
赤石山脈
若狭湾
長良川
富士山
名古屋
浜名湖
東海道新幹線
名古屋港
中部国際空港
天竜川
知多半島
東名高速道路
太平洋
渥美半島
新東名高速道路

中部地方の地域区分と気候

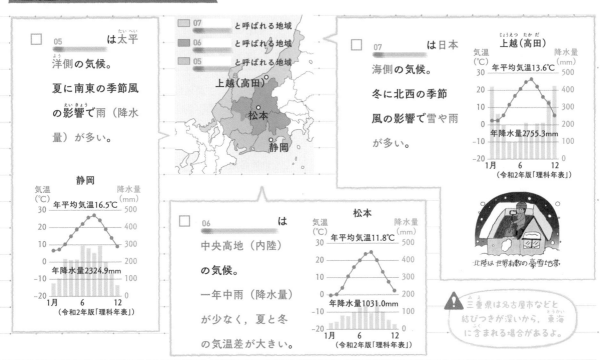

☐ 07 ＿＿＿＿＿と呼ばれる地域
☐ 06 ＿＿＿＿＿と呼ばれる地域
☐ 05 ＿＿＿＿＿と呼ばれる地域

上越（高田）
松本
静岡

☐ 05 ＿＿＿＿＿は太平洋側の気候。
夏に南東の季節風の影響で雨（降水量）が多い。

静岡
気温（℃）　年平均気温16.5℃　降水量（mm）
30 / 500
20 / 400
10 / 300
0 / 200
年降水量2324.9mm
-10 / 100
-20 / 0
1月　6　12
（令和2年版「理科年表」）

☐ 06 ＿＿＿＿＿は中央高地（内陸）の気候。
一年中雨（降水量）が少なく，夏と冬の気温差が大きい。

松本
気温（℃）　年平均気温11.8℃　降水量（mm）
30 / 500
20 / 400
10 / 300
0 / 200
年降水量1031.0mm
-10 / 100
-20 / 0
1月　6　12
（令和2年版「理科年表」）

☐ 07 ＿＿＿＿＿は日本海側の気候。
冬に北西の季節風の影響で雪や雨が多い。

上越（高田）
気温（℃）　年平均気温13.6℃　降水量（mm）
30 / 500
20 / 400
10 / 300
0 / 200
年降水量2755.3mm
-10 / 100
-20 / 0
1月　6　12
（令和2年版「理科年表」）

北陸は世界有数の豪雪地帯。

⚠️ 三重県は名古屋市などと結びつきが深いから，東海に含まれる場合があるよ。

中部地方の農業

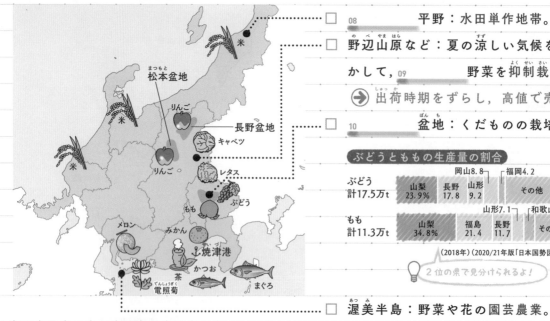

- ☐ 08 ＿＿＿＿＿平野：水田単作地帯。
- ☐ 野辺山原など：夏の涼しい気候をいかして，09 ＿＿＿野菜を抑制栽培。
  - → 出荷時期をずらし，高値で売る。
- ☐ 10 ＿＿＿盆地：くだものの栽培。

ぶどうとももの生産量の割合

	岡山8.8 福岡4.2
ぶどう 計17.5万t	山梨 23.9% ／ 長野 17.8 ／ 山形 9.2 ／ その他

	山形7.1 和歌山6.6
もも 計11.3万t	山梨 34.8% ／ 福島 21.4 ／ 長野 11.7 ／ その他

（2018年）（2020/21年版「日本国勢図会」）

💡 2位の県で見分けられるよ！

- ☐ 渥美半島：野菜や花の園芸農業。

中部地方の工業

🗨 地域と結びつきが強い産業だよ。

- ☐ 北陸：伝統産業や 11 ＿＿＿産業。
- ☐ 中央高地：12 ＿＿＿機械工業。

  近年は電気機械工業もさかん。

- ☐ 13 ＿＿＿工業地域：静岡県沿岸部に形成。機械工業の割合が高い。浜松市で生産されるピアノは，世界各地に輸出される。

13 工業地域の工業出荷額の割合
計16.9兆円

金属	機械	化学	食料品	その他
7.8%	51.7	11.0	13.7	

せんい0.7

（2017年）（2020/21年版「日本国勢図会」）

- ☐ 14 ＿＿＿工業地帯：名古屋市を中心に形成。日本一の工業出荷額。機械工業の割合がとくに高い。
  - → 豊田市などで 15 ＿＿＿工業がさかん。

14 工業地帯の工業出荷額の割合
計57.8兆円

金属	機械	化学	その他
9.4%	69.4	6.2	

食料品4.7　せんい0.8

（2017年）（2020/21年版「日本国勢図会」）

THEME 地理 **関東地方**

関東地方の地形と気候

- □ 01 _____ 平野：日本最大。
  → 火山灰が堆積した 02 _____ で
  覆われる。

- □ 03 _____ 川：
  流域面積日本最
  大。下流に水郷。

(Cynet Photo)

- □ 04 _____ 諸島：
  世界遺産（自然
  遺産）に登録。

- □ 05 _____ 半島：千葉県の大
  部分を占める。冬でも温暖。

東京
気温(℃) / 降水量(mm)
年平均気温15.4℃
年降水量1528.8mm
1月 6 12
（令和2年版「理科年表」）

父島
気温(℃) / 降水量(mm)
年平均気温23.2℃
年降水量1292.5mm
1月 6 12
（令和2年版「理科年表」）

- □ 大部分は 06 _____ の気候。
  - 内陸部は，冬に冷たい北西の季節風（からっ風）が吹く。
  - 小笠原諸島は亜熱帯の気候で，一年中暖かい。
  - 都心では，周辺より気温が高くなるヒートアイランド現象がみられる。

首都・東京

国会議事堂や中央官庁など。

- □ 日本の 07 _____ ：東京は政治・経済の中心。 → 国の中枢機能が集中。
- □ 交通網の中心：新幹線や高速道路，航空路線の起点で，全国各地と結ばれる。
  東京国際（羽田）空港や 08 _____ 空港，横浜港などで世界各地ともつながる。
- □ 文化や情報の発信地：テレビ局や新聞社，
  出版社が集中し，情報通信産業が発達。
- □ 国際都市：大使館や国際機関，外国企業
  の事務所が多い。

企業の集中

文化の発信

情報通信の集中

東京大都市圏の広がり

□ 関東地方に総人口の約 09 ____ 分の1が住み,人口密度が高い。 ➡ 東京大都市圏を形成。

□ 10 ____ 都市:横浜市,千葉市など5市。

□ 鉄道が都心と郊外を結ぶ。 ➡ 都心は昼間人口が 11 ____ く,夜間人口が 12 ____ い。

□ 副都心:ターミナル駅のある新宿や渋谷など。

□ 一極集中で,都市問題が起こる。 ➡ 臨海部のほか,都心部の再開発が行われている。

関東地方の農業

□ 高原野菜の 13 ____ 栽培:群馬県の嬬恋村では夏にキャベツなどを栽培し,他産地より遅い時期に出荷。

新鮮なものを早く,安く輸送できることが利点だよ。

□ 14 ____ 農業:千葉県や埼玉県,茨城県などで,東京などの大消費地向けに野菜などを生産。

関東地方の工業

□ 北関東工業地域:工業団地が進出。日系人が多く働く。

北関東工業地域の工業出荷額の割合
計30.7兆円

金属 13.9%	機械 45.0	化学 9.9	食料品 15.5	その他

せんい0.6
(2017年)(2020/21年版「日本国勢図会」)

□ 15 ____ 工業地域:石油化学コンビナートが立地。

15 工業地域の工業出荷額の割合
計12.2兆円

金属 21.5%	機械 13.1	化学 39.9	食料品 15.8	その他

せんい0.2
(2017年)(2020/21年版「日本国勢図会」)

□ 16 ____ 工業地帯:臨海部で石油化学工業や鉄鋼業。東京で印刷業がさかん。

16 工業地帯の工業出荷額の割合
計26.0兆円

機械 49.4	化学 17.7	食料品 11.0	その他

金属 8.9%　　せんい 0.4
(2017年)(2020/21年版「日本国勢図会」)

15は東京と千葉から1字ずつとっていて,16は東京と横浜から1字ずつとっているよ。

THEME 地理 **東北地方**

√ まだまだ　√ もう少し　√ ばっちり

東北地方の地形と気候

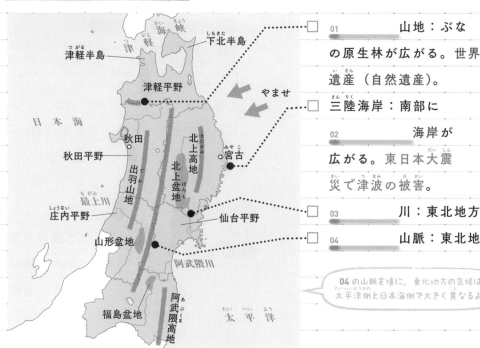

- □ 01 _____ 山地：ぶな
  の原生林が広がる。世界
  遺産（自然遺産）。

- □ 三陸海岸：南部に
  02 _____ 海岸が
  広がる。東日本大震
  災で津波の被害。

(学研写真資料)

- □ 03 _____ 川：東北地方最長の川。
- □ 04 _____ 山脈：東北地方の背骨。

> 04 の山脈を境に、東北地方の気候は太平洋側と日本海側で大きく異なるよ。

- □ 日本海側は
  日本海側の気候。
  冬に北西の季節風
  の影響で
  雪や雨が多い。

秋田
気温(℃)　降水量(mm)
年平均気温11.7℃
年降水量1686.2mm
1月　6　12
(令和2年版「理科年表」)

宮古
気温(℃)　降水量(mm)
年平均気温10.6℃
年降水量1328.0mm
1月　6　12
(令和2年版「理科年表」)

- □ 太平洋側は
  太平洋側の気候。
  夏に 05 _____
  という冷たい北東
  の風が吹く。

東北地方の文化と都市

青森 06 _____ 祭
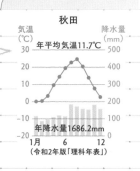
(Cynet Photo)

秋田竿燈まつり
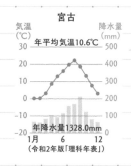
(Cynet Photo)

仙台 07 _____ まつり
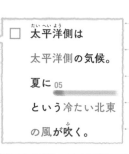
(Cynet Photo)

- □ 東北三大祭り：毎年
  8月に開かれる。
- □ 国の重要無形民俗文
  化財：秋田県の
  なまはげなど。

- □ 08 _____ 市（宮城県）：東北地方の地方中枢都市で，政令指定都市。

東北地方の農業と漁業

稲作

☐ 東北地方は北陸とともに日本の穀倉地帯。

平野	県	流れる川
09 ____ 平野	山形県	最上川
秋田平野	秋田県	雄物川
10 ____ 平野	宮城県	北上川

💬 稲作のさかんな平野と川の名前をセットで覚えよう。

地方別の米の生産量の割合 計776.2万t

東北 28.8%	関東・東山[*1] 18.2	北陸 14.4	中国四国 9.4	九州 9.0	北海道 7.6	近畿 6.7	東海[*2] 5.9

*1 東山…山梨・長野の2県　(2019年)(2020/21年版「日本国勢図会」)
*2 東海…岐阜・静岡・愛知・三重の合計

☐ 品種改良で，11 ____ 害に強く，おいしい銘柄米（ブランド米）を開発。
　➡ あきたこまち，つや姫など。

果樹栽培

☐ 青森県の 12 ____ 平野でりんご，山形県の 13 ____ 盆地でさくらんぼ。

りんご
福島 3.4
山形 5.5
岩手 6.3
長野 18.8
青森 58.9%
計 75.6万t
その他

さくらんぼ
山梨 6.0
その他
山形 78.5%
計 1.8万t

(2018年)(2020/21年版「日本国勢図会」)

☐ 福島盆地でもも，日本なしなど。

漁業

○主な漁港
　ほたて貝
　かき
　こんぶ
　わかめ

陸奥湾　青森　八戸
秋田　岩手　宮古　親潮（千島海流）
気仙沼　宮城
山形　石巻
松島湾　黒潮（日本海流）

☐ 三陸海岸南部：良港が多く，養殖業がさかん。

☐ 14 ____
　暖流と寒流が出会う水域。好漁場。

東北地方の工業

☐ 伝統産業がさかんで，多くが 15 ____ に指定。

☐ 各地で地場産業もさかん。

☐ 交通網が整備され，高速道路沿いに 18 ____ 団地がつくられる。
　➡ 半導体（IC）や自動車の工場が進出。

津軽塗
大館曲げわっぱ
弘前
大館　盛岡
秀衡塗
16 ____ 鉄器
樺細工
仙北
鳴子
山形鋳物
山形
岩谷堂たんす
会津若松
宮城伝統こけし
17 ____ 塗

💬 伝統産業は，農作業ができない冬の仕事（副業）として発達したよ。

THEME 地理 **北海道地方，身近な地域**

まだまだ ✓　もう少し ✓　ばっちり ✓

北海道地方の地形と都市

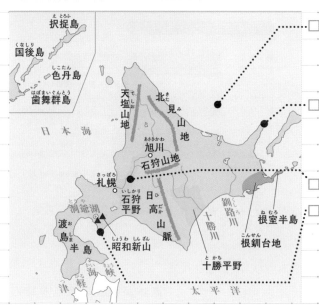

(Cynet Photo)

□ 01 　　　　海：
冬は流氷が押し寄せて，
港が閉ざされる。

□ 02 　　　　半島：貴重
な生態系があり，一部
が世界遺産（自然遺産）。

□ 03 　　　　川：長さが日本第3位。

□ 04 　　　　山：2000年に噴火。ほ
かに十勝岳や羅臼岳などの火山も。

> 北海道には，道路に積もった雪を溶かす
> ロードヒーティングという設備があるよ！

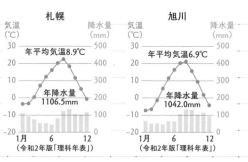

札幌
気温(℃)　降水量(mm)
年平均気温8.9℃
年降水量1106.5mm
1月　6　12
（令和2年版「理科年表」）

旭川
気温(℃)　降水量(mm)
年平均気温6.9℃
年降水量1042.0mm
1月　6　12
（令和2年版「理科年表」）

□ 冬の寒さが厳しい 05 　　　　帯の気候。
梅雨はない。
● 日本海側は冬に雪が多い。
● 太平洋側は夏に 06 　　　　が発生し，日照
時間が短くなり，気温が下がることもある。
● 内陸部は夏に比較的気温が上がるが，冬は
寒さが厳しい。

北海道地方の歴史と都市

□ 07 　　　　の人々：先住民族で，
独自の生活・文化を確立。

□ 明治時代に 08 　　　　が設置され，
屯田兵が開拓する。➡ 先住民族の
居住の場や文化などが奪われる。

□ 09 　　　　市：北海道開拓の中心地
として発展。➡ 北海道最大の都市に。

北海道地方の自然と観光

□ 豊かな自然を観光
にいかす。

例「さっぽろ雪ま
つり」や世界遺産
の知床など。

▲さっぽろ雪まつり

□ 10 　　　　：自然環境の保全と
観光の両立を目指す。

北海道地方の農業・漁業

□ **大規模な農業で**，農業生産額が日本一。

石狩平野や 上川盆地	稲作がさかん。石狩平野は 客土で土地改良を行った。
11_____平野	畑作がさかん。土地の栄養 が落ちないように輪作を行う。
12_____台地	酪農がさかん。乳牛の飼育 頭数は北海道が日本一。

主な農産物の生産量の割合

あずき
計5.9万t
北海道 93.7% ／ その他 (2019年)

じゃがいも
計226.0万t
北海道 77.1% ／ 鹿児島4.3 ／ 長崎4.1 ／ その他 (2018年)

小麦
計103.7万t
北海道 65.4% ／ 福岡6.6 ／ 佐賀4.5 ／ その他 (2019年)

(2020/21年版「日本国勢図会」ほか)

□ 漁業：日本一の漁獲量。北洋漁業がさかんだったが，育てる漁業へ転換。

地形図の読み取り方

□ 地形図：土地の様子を表す。2万5千分
の1や5万分の1の地形図など。

□ 13_____：実際の距離を縮小した割合。

☞ 実際の距離＝地図上の長さ×縮尺の分母

例 2万5千分の1の縮尺の地図上で
2cm の実際の距離は，
2(cm) × 25000 = 50000(cm) = 500(m)。

単位に気をつけよう！

□ 14_____：高さが等しい地点を結ん
だ線。高さや傾斜がわかる。等高線
の間隔が広いと傾斜は 15_____。

平面図

等高線

等高線の間隔が狭いと傾斜は 16_____。

□ **方位**：8方位や
16方位で示す。
方位記号がない
ときは上が北。

□ **地図記号**：建物や土地利用などをわかりやすい記号で示す。

16方位

北北西 北 北北東
北西 北西 北東 北東
西北西 東北東
西 東
西南西 東南東
南西 南南西 南南東 南東
南

⊞ 17_____	◎ 市役所，東京都の区役所	✚ 病院
∨∨∨ 18_____	○ 町・村役場（指定都市の区役所）	〒 神社
∴∴ 果樹園	⊗ 19_____	卍 寺院
∴∴ 茶畑	Y 20_____	△ 三角点
∘∘ 広葉樹林	⊖ 21_____	⊡ 水準点
⋀⋀ 針葉樹林	文 小・中学校	🏛 博物館・美術館
⊞ 荒地	⊗ 高等学校	🏠 老人ホーム

最新の地図記号は自然災害伝承碑（ 🏛 ）。

THEME 歴史 ヨーロッパ世界の成立と発展

☑ まだまだ　☑ もう少し　☑ ばっちり

中世ヨーロッパの主なできごと

時代（日本）	年代	できごと	
平安時代	☐ 1096	十字軍の遠征が始まる └─ ローマ教皇（法王）の呼びかけで，聖地エルサレムをイスラム教徒から取りもどすことを目指した。	ヨーロッパの動き
鎌倉時代			
室町時代 戦国時代	☐ 14世紀	イタリアから 01 _____ の動きが広がる（〜16世紀） └─「文芸復興」ともいう	
	☐ 1492	02 _____ がカリブ海の島（西インド諸島）に到達	
	☐ 1498	03 _____ がインドに到達	
	☐ 1517	ドイツでルターが 04 _____ 改革を始める	
	☐ 1522	05 _____ 船隊が世界一周を達成	
	☐ 1543	ポルトガル人が日本に 06 _____ を伝える	日本の動き
	☐ 1549	07 _____ が日本にキリスト教を伝える	
安土桃山時代	☐ 1573	室町幕府が滅びる	
	☐ 1582	3人のキリシタン大名が天正遣欧（少年）使節を派遣する └─ ローマ教皇のもとへ4人の少年を派遣した。	

> このころ活躍したレオナルド＝ダ＝ビンチが描いた「モナ＝リザ」だよ。

（ルーブル美術館）

> ローマ教皇による免罪符の販売を批判して起こしたよ。

宗教改革

☐ 改革を支持する人々は 08 _____ と呼ばれた。

> 「抗議する者」の意味。

→

☐ カトリック教会でも改革が始まり，09 _____ 会が設立された。

宗教改革だー！

> フランスとスイスで宗教改革を行った人だよ！

> アジアや中南アメリカで布教して，勢力の回復を目指そう！

> こうして，日本にもキリスト教が伝わったんだ。

THEME ヨーロッパ世界の成立と発展

大航海時代

とくにポルトガルとスペイン！　とくに香辛料！

□ 15世紀後半，ヨーロッパの国々は，キリスト教の布教とアジアの産物を直接手に入れることを目指し，航路の開拓（かいたく）を競い合うようになった。

□ 02　　　　　の航路：
スペインが援助（えんじょ）。

□ バスコ＝ダ＝ガマ（ポルトガルの航海者）の航路：
ヨーロッパとインドが海路でつながった。

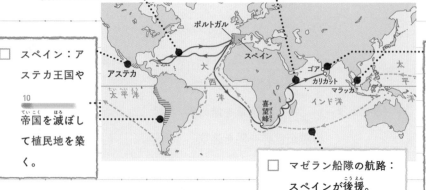

□ スペイン：ア
ステカ王国や
10　　　　　
帝国（ていこく）を滅ぼし（ほろ）
て植民地を築
く。

□ ポルトガル：
インドのゴア
やマレー半島
のマラッカを
拠点（きょてん）にアジア
との貿易を行
う。

□ マゼラン船隊の航路：
スペインが後援（こうえん）。

ヨーロッパ人との出会い

日本は戦国（せんごく）時代だった。

☞□ 鉄砲（てっぽう）の伝来

11　　　　　島（鹿児島県（かごしま）に漂着（ひょうちゃく）した
12　　　　　人によって伝えられた。

➡ 戦国大名（だいみょう）に注目され，各地に広まる。

➡ 戦い方が変化，築城技術が向上し，
全国統一への動きが加速した。

（種子島時邦所蔵）

▲鉄砲（火縄銃（ひなわじゅう）：堺（さかい）（大阪府（おおさか）や国友（くにとも）（滋
賀県（し）などでつくられるようになった。

☞□ キリスト教の伝来

09　　　　　　　会の宣教師
フランシスコ＝ザビエルが日本に
伝える。

（Photo: Kobe City
Museum／DNP artcom）

□ 南蛮貿易（なんばん）

13　　　　　人と呼ばれていた
ポルトガル人やスペイン人との貿易

・中国産の品物
　…生糸，絹織物
・ヨーロッパ産の品物
　…時計，ガラス製品

日本の
輸入品　・主に銀　日本の
輸出品

宣教師が次々と来日して布教。

貿易のために自ら信者になる
大名（キリシタン大名）も現れた。

No. 社会
SOCIAL STUDIES
Date

THEME 歴史 **織田信長・豊臣秀吉の全国統一**

✓ まだまだ ✓ もう少し ✓ ばっちり

室町～安土桃山時代の主なできごと

時代	年代	できごと	
室町時代	☐ 1560	桶狭間の戦い（愛知県） ➡ 今川義元を破り，勢力を広げる	織田信長が行ったこと
戦国時代	☐ 1573	15代将軍足利義昭を京都から追放 ➡ 01_____ 幕府を滅ぼす	
	☐ 1575	02_____ の戦い（愛知県） ➡ 武田勝頼を破る	
	☐ 1576	03_____ 城（滋賀県）を築く　商工業の発展を図ったんだ。	
		➡ 城下で 04_____ の政策を行う（1577年） 市場の税を免除し，座の特権を廃止した。	
安土桃山時代	☐ 1582	本能寺の変 ➡ 家臣の明智光秀にそむかれ自害する	
	☐ 1582	05_____ を始める ものさしやますを統一し，田畑の面積や収穫量を調べた。	豊臣秀吉が行ったこと
		07_____ が進んだ 武士と農民（百姓）の身分の区別が明確になること。	
	☐ 1588	06_____ を行う 一揆を防ぐため，百姓や寺社から武器を取り上げた。	
	☐ 1590	全国統一を達成する	
	☐ 1592	文禄の役が起こる	
	☐ 1597	慶長の役が起こる ➡ 豊臣秀吉による 08_____ 侵略 中国の明の征服を目指していたよ。	

長篠の戦い

☐ 織田・徳川連合軍が

大量の 09_____

を活用した戦法で，

武田勝頼の軍を

破った。

織田・徳川連合軍

馬の突進を
防ぐための柵。

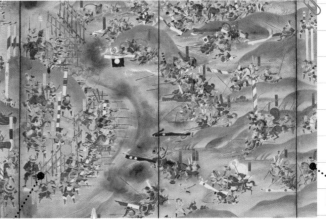

鉄砲をかまえているのがわかるね！

武田軍

（徳川美術館所蔵©徳川美術館イメージアーカイブ／DNP artcom）

THEME 織田信長・豊臣秀吉の全国統一

織田信長と豊臣秀吉のキリスト教への政策

☐ **信長** キリスト教を 保護 した。

理由：仏教勢力に対抗するため。
貿易の利益を得るため。

➡ 一方，自分に従わない仏教勢力は武力で従わ
せた（比叡山延暦寺の焼き討ちなど）。

☐ **秀吉** 初め保護 ⇨ のち 布教を禁止。

1587年，宣教師の国外追放を命令。

➡ 一方，南蛮貿易は続けたので信者は
増加。禁教は不徹底だった。

太閤検地

太閤 ×大閤

☐ 太閤検地： 10 ＿＿＿ が行った検地。

☐ 全国の田畑の面積やよしあし，耕作者，
11 ＿＿＿ で表した収穫量を検地帳に記録。

➡ 農民に対し耕作の権利を保障。

➡ 荘園の制度はなくなった。

▲検地の様子（江戸時代のもの）

（玄福寺／秋田県立博物館へ寄託）

桃山文化

☐ 桃山文化：戦国大名の権力や大商人の富を反映した豪華で壮大な文化。

美術 狩野永徳らによる
はなやかな絵（濃絵）。

▲唐獅子図屏風（狩野永徳）（宮内庁三の丸尚蔵館）

建築 12 ＿＿＿ をもつ城。

支配者の権威を示している。

城内の
ふすまや屏風に
描かれたんだ。

▲姫路城（兵庫県）

芸能 出雲の 13 ＿＿＿ が
かぶき踊りを始める。

茶の湯 14 ＿＿＿ が
わび茶の作法を完成。

織田信長や豊臣秀吉
に仕えていたよ。

THEME 歴史 **江戸幕府の成立と鎖国**

まだまだ ✓　もう少し ✓　ばっちり ✓

17世紀前半の主なできごと

時代	年代	できごと
安土桃山時代	☐ 1600	01 ＿＿＿＿ の戦い（岐阜県）が起こる
		➡ 02 ＿＿＿＿ が石田三成らの大名を破る
	☐ 1603	02 ＿＿＿＿ が征夷大将軍に任命される
		➡ 江戸（東京都）に幕府を開く
		このころから貿易がさかんになり，キリスト教が全国に広まる
江戸時代	☐ 1612	幕領にキリスト教禁止令（禁教令）を出す ➡ 翌年全国に出す
	☐ 1615	豊臣氏が滅びる（大阪の陣）
		最初の 03 ＿＿＿＿ が出される 〔以後は，将軍の代がわりごとに出されたよ。〕
	☐ 1635	日本人の海外渡航と帰国を禁止する
	☐ 1637	島原・天草一揆が起こる
		└ キリスト教徒への厳しい弾圧や重い年貢の取り立てに島原（長崎県）・天草（熊本県）の人々が反発した。
	☐ 1639	04 ＿＿＿＿ 船の来航を禁止する
	☐ 1641	平戸のオランダ商館を長崎の 05 ＿＿＿＿ に移す 〔幕府がつくった人工島だよ。〕
		➡ 06 ＿＿＿＿ の体制が固まる
		└ 幕府による禁教，貿易統制，外交独占を政策とする体制のこと。

江戸幕府の支配のしくみ

☐ 幕府と藩が，全国の土地と民衆を
└ 大名の領地やその支配のしくみのこと。

支配する政治制度がとられた。

これを 07 ＿＿＿＿ 体制という。

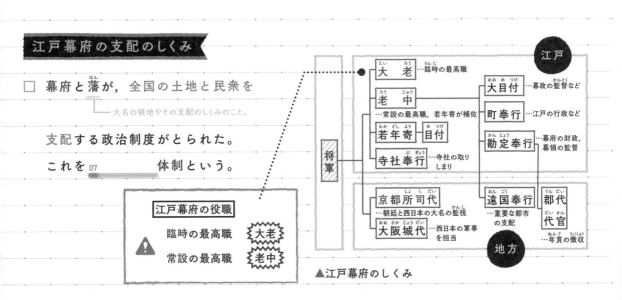

江戸幕府の役職

⚠ 臨時の最高職　大老
常設の最高職　老中

［図中のテキスト］
江戸

大老 …臨時の最高職
大目付 …幕政の監督など
老中 …常設の最高職，若年寄が補佐
町奉行 …江戸の行政など
若年寄　目付
勘定奉行 …幕府の財政，幕領の監督
寺社奉行 …寺社の取りしまり
将軍
京都所司代 …朝廷と西日本の大名の監視
遠国奉行 …重要な都市の支配
郡代
大阪城代 …西日本の軍事を担当
代官 …年貢の徴収
地方

▲江戸幕府のしくみ

武家諸法度 (ぶけしょはっと)

□ 江戸幕府が大名を取りしまるために定めた法律。

☞□ 徳川家光のとき, 08 _____ 交代を制度化。

　➡ 大名は, 1年おきに領地と江戸を往復。

　➡ 江戸での生活や領地との往復の費用は大名に
　　とって大きな負担になった。

□ 03 _____

一 大名は, 毎年四月中に江戸へ
　 08 _____ すること。

一 新しく城をつくってはいけない。

一 大名は, かってに結婚(けっこん)しては
　いけない。

（1635年, 3代将軍徳川家光のとき
に出されたものの部分要約）

貿易の振興から統制へ (しんこう)

□　朱印船貿易 (しゅいんせん)

　12 _____ 状を与(あた)えられた日本の商船
　(12 _____ 船) が東南アジアで行った貿易。

　➡ 多くの日本人が移住し東南アジア

　各地に 13 _____ 町ができた。

09 _____		将軍家の親戚(しんせき)
10 _____	大名	関ヶ原の戦い以前から(せきがはら)徳川氏に従っていた大名
11 _____	大名	関ヶ原の戦いのころから徳川氏に従った大名

▲大名の種類…外様大名は江戸から遠い地域
に配置された。

キリスト教徒の増加
1637年, 14 _____ 一揆(いっき)

➡ キリスト教徒への弾圧(だんあつ)が強化される。

江戸幕府は鎖国(さこく)の体制を固め, 中国と 15 _____ との貿易を長崎(ながさき)で続けた。
└── キリスト教の布教を行わなかったヨーロッパの国。

鎖国下の窓口

松前藩(まつまえ) ⟷ 蝦夷地(えぞち)
松前藩が 17 _____ の人々
との交易を独占(どくせん)。

朝鮮(ちょうせん) ⟷ 対馬藩(つしまはん)
└ 将軍の代がわりごとに
　朝鮮 16 _____ を派遣(はけん)。

中国 ⟷ 長崎
オランダ ⟷ 長崎
└ 出島の商館で貿易。
「オランダ風説書(ふうせつがき)」を
幕府に提出。

薩摩藩(さつま) ⟷ 18 _____ 王国
将軍や琉球(りゅうきゅう)国王の代が
わりごとに江戸に使節。

キリスト教徒を発見するために行われた絵踏に使われた。

▲踏絵(ふみえ)

（ColBase (https://colbase.nich.go.jp)）

HEME 歴史 **元禄文化と享保の改革**

まだまだ ✓　もう少し ✓　ばっちり ✓

江戸時代前半の主なできごと

時代	年代	できごと	
江戸時代	☐1680	徳川綱吉が5代将軍になる ➡ 学問を重視する政治を行う	元禄文化が栄える
		極端な動物愛護令である 01 _____ を出す（1685）	
		質を落とした貨幣を大量に発行し，物価上昇をまねく └ 幕府の収入を増やそうとした。	
	☐1709	儒学者新井白石の政治が始まる	
		貨幣の質をもどし，長崎での貿易を制限	
	☐1716	8代将軍徳川吉宗が 02 _____ の改革を始める（～1745）	
	☐1732	享保のききんが起こる	

農業の発達

☐ 幕府や藩が新田開発を進める ➡ 耕地面積が拡大。
　　└ 年貢の収入を増やすためだよ。

☐ 新しい農具が普及 ➡ 生産力が上がる。

深く耕せるようになった！

効率よく脱穀できるようになった！

● ▲ 03 _____　　▲ 04 _____

交通路の整備と都市の繁栄

5つの道をまとめた呼び名。

☐ 陸路　江戸を起点とする 05 _____ 。

☐ 海路　「東廻り航路・ 06 _____ 廻り航路。
　　　　南海路（菱垣廻船・樽廻船）。
　　　　江戸と大阪の間を定期的に往復したよ。

☐ 07 _____ の発展
　　└ 江戸・京都・大阪を合わせた呼び名。

● 江戸：将軍の城下町 ➡ 「将軍のおひざもと」。

● 大阪：商業の中心地 ➡ 「 08 _____ の台所」。
　　　　諸藩の 09 _____ が置かれる。

● 京都：古くからの都。

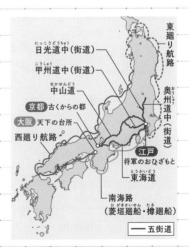

東廻り航路
日光道中（街道）
甲州道中（街道）
中山道
京都 古くからの都
大阪 天下の台所
西廻り航路
江戸 将軍のおひざもと
東海道
奥州道中（街道）
南海路（菱垣廻船・樽廻船）
── 五街道

▲江戸時代の交通

No.
Date
社会
SOCIAL STUDIES

THE LOOSE-LEAF STUDY GUIDE
GAKKEN +PLUS+

LOOSE-LEAF COLLECTION
2

THEME 元禄文化と享保の改革

元禄文化

□ 17世紀末～18世紀初めに上方で栄えた，

　京都や大阪のことだよ。

　経済力をもった 10 _____ を担い手とする文化。

文芸	11 _____：浮世草子（小説），『日本永代蔵』。
	松尾芭蕉：俳諧（俳句），『奥の細道』。
	12 _____：人形浄瑠璃や歌舞伎の台本，『曾根崎心中』。
絵画	尾形光琳：装飾画を完成。
	菱川師宣：13 _____ を始める。

▲「見返り美人図」（菱川師宣）
（ColBase(https://colbase.nich.go.jp)）

享保の改革

□ 8代将軍 14 _____ が行った政治改革。

　幕府の財政を立て直そうとしたんだ！

- 15 _____ を設置：庶民の意見を政治の参考にする。
- 上げ米の制：参勤交代の負担を軽減するかわりに，大名に米を納めさせる。
- 新田開発を進める：年貢米を増やすため。
- 16 _____ を制定：裁判の基準となる法律。

➡ 財政は一時的に立ち直るが，ききんによって米価が急上昇，打ちこわしが起こる。

社会の変化

　それまでは，自給自足に近い生活だったんだ。

□ 17 _____ の栽培が普及 ➡ 農村に貨幣経済が広まった。

└ 現金を得るためにつくる農作物。　　　　　└ 農民の間で貧富の差が拡大。

□ 工業の発達

家で生産	18世紀ごろ 問屋制家内工業	問屋が農民に原料や道具などを貸し，製品をつくらせて，買い取る。
↓		
工場で生産	19世紀 18 _____ 工業	大商人や地主にやとわれた人々が，作業所（工場）に集まって分業で製品をつくる。マニュファクチュアともいう。

□ 民衆の動き

| 農村 | 19 _____：団結して年貢の引き下げなどを領主に要求。 |
| 都市 | 20 _____：米の買い占めをした商人に対して起こされた。 |

THEME 歴史 **学問の発達と幕府政治のくずれ**

江戸時代の後半の主なできごと

時代	年代	できごと
江戸時代	☐ 1772	田沼意次が老中となる ➡ 田沼の政治が始まる（～1786）
	☐ 1782	天明のききんが起こり，百姓一揆や打ちこわしが多発 ➡ 田沼の政治が行きづまる
	☐ 1787	老中松平定信による 01＿＿＿＿＿＿ が始まる（～1793）
	☐ 1792	ロシアの使節 02＿＿＿＿＿＿ が根室に来航
	☐ 1821	03＿＿＿＿＿＿ の正確な日本地図が完成　ヨーロッパの技術で全国の海岸を測量！
	☐ 1825	幕府が 04＿＿＿＿＿＿ を出す　日本に近づく外国船への砲撃を命令！
	☐ 1833	天保のききんが起こり，百姓一揆や打ちこわしが多発
	☐ 1837	05＿＿＿＿＿＿ が大阪で乱を起こす　ききんで苦しむ人々を救うため。 └ 大阪町奉行所の元役人で陽明学者。
	☐ 1839	蛮社の獄：蘭学者の渡辺崋山や高野長英らが処罰される　外国船を砲撃した事件を批判。
	☐ 1841	老中水野忠邦による 06＿＿＿＿＿＿ が始まる（～1843）
	☐ 1842	アヘン戦争で清がイギリスに敗れる（1840～42）➡ 幕府は 04＿＿＿＿＿＿ をやめる

新しい学問と国学

☐ 07＿＿ 学	オランダ語でヨーロッパの学問や文化を学ぶ。	杉田玄白らがオランダ語の解剖書を翻訳して『08＿＿＿＿＿』を出版。 ↓ 基礎を築く。
09＿＿ 学	仏教や儒教が伝わる前の日本古来の精神を学ぶ。	本居宣長が『古事記伝』を著して大成。

幕末の尊王攘夷運動に影響を与えたよ。

（国立大学法人東京医科歯科大学図書館）

▲『08＿＿＿＿＿』のとびら絵

江戸時代の教育機関

☐ 藩校：
武士　学問や武道を教え，人材を育成。

☐ 10＿＿＿＿＿：
庶民　読み・書き・そろばんを教える。

LOOSE-LEAF COLLECTION 2

3人の老中による政治

田沼の政治 (1772 ～ 1786)	老中 11 ____	⚠ 12 ____ の結成を奨励 蝦夷地（北海道）を調査。長崎での貿易を拡大。 ➡ わいろが横行。 天明のききんで百姓一揆や 打ちこわしが多発し，失脚。
寛政の改革 (1787 ～ 1793)	老中 13 ____	ききんに備え，各地に設けた倉に米を蓄えさせる。 幕府の学問所で朱子学以外の学問を禁止。 ➡ 厳しい取りしまりが人々の不満を高め，約6年で終わる。
天保の改革 (1841 ～ 1843)	老中 14 ____	⚠ 12 ____ を解散させ，物価上昇を抑えようとした。 江戸や大阪周辺を幕領にしようとする ➡ 強い反対にあい，失敗。 ➡ 2年で行きづまり，失脚。

蝦夷地

ここの海産物を長崎から輸出するのだ！

田沼意次

化政文化

京都や大阪。

☞□ 19世紀初め，文化の中心が上方から 15 ____ に移り，
町人（庶民）を担い手とする文化が栄えた。

□ 文学

● 小説：十返舎一九『東海道中膝栗毛』。
　　　　曲亭（滝沢）馬琴『南総里見八犬伝』。
● 俳諧（俳句）：与謝蕪村，小林一茶。
● 川柳・狂歌：幕府を批判したり，世相を皮肉ったりした。

〈俳諧〉　菜の花や月は東に日は西に（与謝蕪村）

〈川柳〉　孝行のしたい時分に親はなし

〈狂歌〉　白河の清きに魚も住みかねて
　　　　　もとのにごりの田沼恋しき

□ 浮世絵

錦絵と呼ばれる多色刷りの版画が普及した。

☞ ● 風景画： 16 ____ 「東海道五十三次」
　　　　　　 17 ____ 「富嶽三十六景」
● 美人画：喜多川歌麿

▲「富嶽三十六景」

(ColBase (https://colbase.nich.go.jp))

THEME 歴史 **ヨーロッパの近代化と開国**

まだまだ　もう少し　ばっちり

近代世界の主なできごと

年代	世界のできごと	時代	年代	日本のできごと
☐ 1640 (1642)	イギリスでピューリタン革命が起こる		1641	鎖国の体制が固まる
☐ 1688	イギリスで 01 ⬚⬚⬚ 革命が起こる			
☐ 18世紀後半	イギリスで産業革命が始まる		1772	田沼意次が老中になる
☐ 1775	アメリカで独立戦争が起こる		1787	寛政の改革が始まる
☐ 1789	フランス革命が起こる			
☐ 1840	アヘン戦争が起こる	江戸時代	1841	天保の改革が始まる
	➡ 02 ⬚⬚⬚ 条約が結ばれる（1842）			
☐ 1851	清で洪秀全が太平天国の乱を起こす 重税を課した清政府への反乱。		☐ 1853	04 ⬚⬚⬚ が浦賀に来航
			☐ 1854	日米 05 ⬚⬚⬚ 条約を結ぶ
☐ 1857	インド大反乱が起こる			➡ 日本の開国
	➡ イギリスがインドを直接支配		☐ 1858	日米 06 ⬚⬚⬚ 条約を結ぶ
☐ 1861	アメリカで 03 ⬚⬚⬚ 戦争が起こる			
	➡ リンカン大統領が指導する北部が勝利 奴隷解放宣言を出した。			

近代の欧米諸国の革命

☐ 国	革命	出された宣言など	その後の動き
イギリス	ピューリタン革命	—	王政を廃止して共和政へ ➡ まもなく王政が復活。
	01 ⬚⬚⬚ 革命	07 ⬚⬚⬚ を発布	立憲君主制と議会政治が始まる。
アメリカ	独立戦争	08 ⬚⬚⬚ 宣言を発表	合衆国憲法を制定。
フランス	フランス革命	09 ⬚⬚⬚ 宣言を発表	王政を廃止して共和政へ ➡ ナポレオンの支配。

革命を起こした市民たち！

☐ 革命に影響を与えた啓蒙思想家

ロック

社会契約説！

人民主権！

ルソー

モンテスキュー

三権分立！

No.

Date

社会
SOCIAL STUDIES

LOOSE-LEAF STUDY GUIDE
GAKKEN PLUS

LOOSE-LEAF COLLECTION
2

THEME ヨーロッパの近代化と開国

イギリスのアジア侵略

アヘン戦争

☐ アヘンの密輸をめぐって起こった

イギリスと 10 ＿＿＿＿（中国）の戦争。

→ イギリスが勝利し，

南京条約を結ぶ。

└── イギリスは，中国から
香港を獲得した。

炎上している
清の帆船。

▲アヘン戦争

(公共財団法人東洋文庫)

すでに産業革命を‥‥‥‥‥
迎えていた
イギリスの蒸気船。

インド大反乱

☐ イギリスの支配に対するインド人兵士の反乱。

→ 鎮圧したイギリスがインド全土を直接支配。

日本の開国と不平等条約

☐ 1854 年，江戸幕府は再び来航したペリーと

日米 05 ＿＿＿＿ 条約を結び，2 港を開いて開国。

☐ 1858 年，日米 06 ＿＿＿＿＿ 条約を結び，

5 港を開き，自由な貿易を認めた。

日米修好通商条約
で開港の5港

■函館（両方の条約
で開港）

●新潟

神奈川(横浜)

日米和親条約
で開港の2港

兵庫
(神戸) 下田

長崎

(下田は，日米修好通商条約の締結で閉鎖)

▲2つの条約による開港地

⚠ 開港地の違いに注意！

☞ → ☐ 日米 06 ＿＿＿＿ 条約は，

アメリカの 11 ＿＿＿＿ 権を認め，日本に 12 ＿＿＿＿ 権がない，

不平等条約だった。

日本で罪を犯した外国人を日本
の法律で裁くことができない。

貿易品にかける関税の率を決める権利が
日本にない。

→ 日本の産業の発展がさまたげられる。

THEME 歴史 明治維新

江戸時代末期〜明治時代初期の主なできごと

時代	年代	できごと
江戸時代	□1858	大老 01 _____ による安政の大獄が始まる 幕府の政策を批判した人々が処罰された。 開国後，幕府の政策を批判する尊王攘夷運動が高まっていたんだ。
	□1860	01 _____ が暗殺される（桜田門外の変）
	□1862	生麦事件が起こる ➡ 翌年，薩英戦争が起こる
	□1863	長州藩が外国船を砲撃…攘夷の実行 尊王攘夷運動の中心だったよ。 ➡ 翌年，イギリスなどが下関砲台を占領 薩摩藩と長州藩は ➡ 攘夷が困難であることをさとった
	□1866	坂本龍馬らの仲立ちで 02 _____ が結ばれる ➡ 倒幕を目指す
	□1867	大政奉還が行われる ➡ 王政復古の大号令が出される
	□1868	03 _____ 戦争が始まる（〜1869） 新政府軍と旧幕府軍との戦い。
明治時代	□	五箇条の御誓文が出される
	□1869	04 _____ が行われる 中央集権国家を目指した改革！
	□1871	05 _____ が行われる
	□1872	06 _____ が公布される 明治政府による改革。
	□1873	07 _____ 令が出される，08 _____ 改正が始まる

> **尊王攘夷運動とは？**
> 09 _____ を尊ぶ尊王論と外国勢力を排除しようとする攘夷論が結びついて高まった運動。

明治新政府成立まで

□ 大政奉還：1867年，15代将軍 10 _____ が政権を朝廷に返した。

> 2か月後！ ⬇

> 新政権でも主導権を握ろうとした。

□ 王政復古の大号令：1867年，天皇を中心とする新政府の成立が宣言された。

⬇

> 徳川氏の政治的な影響力が取り除かれた。

□ 五箇条の御誓文：1868年，新しい政府の政治の方針を定めた。‥‥‥‥‥●

> すべての政治は人々の話し合いで決めることなどを宣言。

> **五箇条の御誓文（一部）**
> ― 広ク会議ヲ興シ万機公論ニ決スベシ
> ― 上下心ヲ一ニシテ盛ニ経綸ヲ行ウベシ

藩から県へ

版籍奉還

□ 全国の藩主たちに土地（版）と
人民（籍）を政府に返させた。

このあとも，藩の政治は元の藩主がそのまま行った！

廃藩置県

□ 藩を廃止して府や県を置いた。

府には府知事，
県には県令を
政府から派遣
する！

政府が全国の土地と人民
を直接治めることだよ。

→ 11 _____ 国家
の基礎が築かれた。

⚠ 藩から県への改革は

版籍奉還 → 廃藩置県
の順。

明治政府の諸改革

□ 欧米諸国に対抗するため富国強兵政策を進めた。

└─ 経済を発展させて国力をつけ，軍隊を強くすることを目指した。

学制，兵制，税制に関する改革

改革	内容	目的
学制	満6歳以上のすべての男女を 12 _____ に通わせることが義務づけられた。	人材の育成
徴兵令	満20歳になった男子に 13 _____ の義務を負わせた。	強い軍隊をつくる（強兵）
地租改正	土地所有者と 14 _____ を決めて地券を発行し，土地の所有者に 14 _____ の 15 ____％の地租を現金で納めさせた。	財政の安定

反対一揆が起こり，1877年に
2.5％に引き下げられた。

□ 欧米の技術を取り入れて近代産業を育てる 16 _____ 政策を進めた。

→ 官営模範工場を建設：富岡製糸場（群馬県）など。

└─ 「富国」を実現するため。

文明開化

□ 文明開化：欧米文化の導入による生活の変化。

新しい暦の採用

□ 17 _____ 暦：1日24時間，1週間を7日に。

新しい思想の紹介

□ 18 _____ ：『学問のすゝめ』。

▲欧米風に変化する町並み：れんがづくりの
建物，ガス灯，人力車，洋服を着た人々な
どがみられる。

THEME 歴史 立憲政治の始まり

明治時代前半の主なできごと

時代	年代	できごと
明治時代	☐1871	岩倉使節団が派遣される ➡ 全権大使は 01
	☐1873	02　　　論をめぐる対立が起こる ➡ 西郷隆盛らが政府を去る
		└─ 武力で朝鮮に開国をせまる主張。
	☐1874	03　　　らが民撰議院設立の建白書を政府に提出
		└─ のちに自由党を結成　　➡ 04　　　　　運動の始まり
	☐1875	05　　　と樺太・千島交換条約を結ぶ
	☐1876	日朝修好条規を結び，06　　　を開国させる
	☐1877	鹿児島の士族などが 07　　　を中心に西南戦争を起こす
	☐1879	琉球藩を廃止して 08　　　県が設置される（琉球処分）
	☐1881	国会開設の勅諭が出される ➡ 政党が結成される
		└─ 10年後に国会を開くことを約束。
	☐1885	内閣制度ができる ➡ 初代内閣総理大臣に 09　　　が就任
	☐1889	10　　　　　が発布される ➡ 翌年教育勅語が発布される
		└─ 忠君愛国の道徳を示す。
	☐1890	第一回衆議院議員選挙 ➡ 第一回帝国議会が開かれる
		└─ 衆議院と貴族院の二院制。

> 君主権の強いドイツ（プロイセン）の憲法を調査して，草案作成の中心となったよ。

新しい国際関係

☐ 清：日清修好条規を結ぶ。
> 対等な内容の条約だよ。

☐ 06　　　：江華島事件をきっかけに，
日朝修好条規を結び，開国させる。
> 朝鮮にとって不利な内容の条約だよ。

☐ 05　　　：樺太・千島交換条約を結ぶ。
➡ 樺太（サハリン）を 05　　　領，
千島列島のすべてを日本領とする。

▲明治時代初めの日本の国境：周辺諸国との国境を定め，日本の領土を確定した。

自由民権運動と士族の反乱

☐ 自由民権運動

国民が政治に参加する権利の確立を
目指して，国会の開設を求める運動。

(東京大学法学部付属明治新聞雑誌文庫)

警察官が演説を
やめさせようと
しているよ。

▲自由民権運動の演説会

☐ 士族の反乱

11 ＿＿＿＿ 戦争：最大規模の反乱。

⬇

鎮圧後，政府への批判は言論による
ものが中心となる。

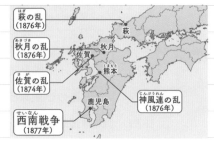

萩の乱
(1876年)

秋月の乱
(1876年)

佐賀の乱
(1874年)

神風連の乱
(1876年)

西南戦争
(1877年)

萩

秋月

佐賀

熊本

鹿児島

▲主な士族の反乱：西日本で多く
起こされた。

☐ 政党の結成　国会開設に備えて結成！

12 ＿＿＿＿ 党（1881年）：板垣退助を党首として結成。

13 ＿＿＿＿ 党（1882年）：大隈重信を党首として結成。

大日本帝国憲法と帝国議会

☐ 大日本帝国憲法

14 ＿＿＿＿ が国の元首として統治すると定める。

国民は天皇の 15 ＿＿＿＿ とされ，

法律の範囲内で権利を認められる。

天皇が国民に
与えるという
形で発布！

大日本帝国憲法（一部）
第1条　大日本帝国ハ万世一系ノ天皇之
　　　ヲ統治ス
第3条　天皇ハ神聖ニシテ侵スベカラズ
第11条　天皇ハ陸海空軍ヲ統帥ス
第29条　日本臣民ハ法律ノ範囲内ニ於テ
　　　言論著作印行集会及結社ノ自由
　　　ヲ有ス

☐ 帝国議会

帝国議会

16 ＿＿＿＿ 院

皇族・華族など

衆議院

選挙で選ばれた人

総人口の1.1%だった！

選挙権を与えられた人々

直接国税を 15 円以上納める

満 17 ＿＿＿＿ 歳以上の男子

THEME 歴史 **日清戦争と日露戦争**

まだまだ / もう少し / ばっちり

明治時代後半の主なできごと

時代	年代	できごと
明治時代	☐ 1883	鹿鳴館が建設される ➡ このころ欧化政策が進められる └ 条約改正交渉を有利に進めようとした。
	☐ 1886	ノルマントン号事件が起こる
	☐ 1894	01 〔　　　　　〕権の撤廃に成功
		甲午農民戦争をきっかけに，02〔　　　　〕戦争が起こる
		➡ 日本が勝利し，03〔　　　　〕条約を結ぶ（1895）
	☐ 1895	ロシア，ドイツ，フランスによる三国干渉
		➡ 日本は 04〔　　　　〕半島を清に返還
	☐ 1899	中国で義和団が蜂起する ➡ 翌年，列強の連合軍が鎮圧
	☐ 1901	05〔　　　　　〕が操業を始める ➡ 重化学工業発展の基礎 └ 日清戦争で得た賠償金の一部を使って建設。 原料は九州北部の石炭と中国の鉄鉱石。
	☐ 1902	ロシアに対抗して 06〔　　　〕同盟が結ばれる
	☐ 1904	日露戦争が起こる ➡ 翌年，07〔　　　　　〕条約が結ばれる └ アメリカの仲介。
	☐ 1910	大逆事件が起こる：社会主義者を弾圧
	☐	日本が 08〔　　　〕を併合する：朝鮮総督府を置いて植民地支配
	☐ 1911	09〔　　　　〕権の回復に成功
		辛亥革命が起こる ➡ 翌年，10〔　　　　　〕建国 └ 臨時大総統は孫文。

> 日本とイギリスが結んだ同盟だよ。

列強と帝国主義

☐ 11〔　　　〕主義：
19世紀後半，欧米の列強
が軍事力によって植民地
を拡大していった動き。

（1904年）
イギリスとその植民地
フランスとその植民地
ドイツとその植民地
オランダとその植民地
アメリカの植民地
その他の列強と植民地

▲列強による世界分割：世界の広い範囲が列強に分割された。

条約改正

☐ **条約改正への動き**

- 欧化政策：鹿鳴館で舞踏会を開く。

  ⬇️

  ➡️ 国内からの強い反発で失敗。

- ノルマントン号事件 ··

  ➡️ 条約改正を求める世論が高まる。

▲ノルマントン号事件の風刺画：日本人を助けなかったイギリス人船長を日本の法律で裁けなかった。

☐ **条約改正の達成**　（日清戦争の直前。）

- 01　　　　権の撤廃：1894 年，陸奥宗光外務大臣が成功。

- 09　　　　権の回復：1911 年，小村寿太郎外務大臣が成功。

日清戦争と日露戦争の講和条約

☞☐

	講和条約	その後の動き
日清戦争	03　　　条約	三国干渉：ロシア，ドイツ，フランスが遼東半島の清への返還を要求。 
日露戦争	07　　　条約	12　　　　がなかったことに対し，国民の不満が高まる。 ⬇️ 日比谷焼き打ち事件が起こる。

▲ 03 の条約で日本が得た地域など

▲ 07 の条約で日本が得た利権など（朝鮮は 1897 年に国名を大韓帝国[韓国]に改めた）

日本の産業革命

☐ 1880 年代後半，軽工業を中心に産業革命が進む。

└ 紡績，製糸など。

⬇️

☐ 日清戦争後，重化学工業が発展。　➡️ 社会問題が発生：13　　　　銅山鉱毒事件が起こる。

└ 田中正造が被害者の救済を国に求めた。

地理

P.115 世界と日本の人口，資源とエネルギー

01 人口密度　02 三大都市圏　03 過密（化）　04 過疎（化）　05 少子高齢　06 人口ピラミッド　07 つぼ

08 鉱産　09 石油（原油）　10 サウジアラビア　11 オーストラリア　12 水力　13 火力　14 原子力

15 持続可能　16 再生可能

P.117 日本の産業，交通網，通信網

01 食料自給率　02 小麦　03 近郊　04 促成　05 養殖　06 栽培　07 遠洋　08 太平洋　09 中京　10 加工

11 貿易　12 空洞化　13 商　14 情報通信技術　15 海上　16 航空

P.119 九州地方

01 カルデラ　02 火山　03 シラス　04 亜熱　05 北九州　06 水俣病　07 筑紫

08 二毛　09 促成　10 豚　11 北九州　12 高速道路　13 琉球　14 さんご礁

P.121 中国・四国地方

01 鳥取砂丘　02 広島　03 瀬戸内　04 四国　05 山陰　06 瀬戸内　07 南四国　08 山陽

09 本州四国連絡橋　10 瀬戸大　11 かき　12 高知　13 瀬戸内　14 石油化学　15 過疎　16 町

P.123 近畿地方

01 琵琶　02 淀　03 志摩　04 紀伊　05 ニュータウン　06 大阪　07 神戸　08 再開発

09 赤潮（淡水赤潮）　10 阪神　11 中小　12 伝統的工芸品　13 古都　14 姫路城

P.125 中部地方

01 信濃　02 日本アルプス（日本の屋根）　03 濃尾　04 名古屋　05 東海　06 中央高地　07 北陸

08 越後　09 高原　10 甲府　11 地場　12 精密　13 東海　14 中京　15 自動車

P.127 関東地方

01 関東　02 関東ローム　03 利根　04 小笠原　05 房総　06 太平洋側　07 首都

08 成田国際　09 3　10 政令指定　11 多　12 少な　13 抑制　14 近郊　15 京葉　16 京浜

P.129 東北地方

01 白神　02 リアス　03 北上　04 奥羽　05 やませ　06 ねぶた　07 七夕　08 仙台　09 庄内

10 仙台　11 冷　12 津軽　13 山形　14 潮境（潮目）　15 伝統的工芸品　16 南部　17 会津　18 工業

P.131 北海道地方，身近な地域

01 オホーツク 02 知床 03 石狩 04 有珠 05 冷（亜寒） 06 濃霧 07 アイヌ 08 開拓使

09 札幌 10 エコツーリズム（エコツアー） 11 十勝 12 根釧 13 縮尺 14 等高線 15 緩やか 16 急

17 田 18 畑 19 警察署 20 消防署 21 郵便局

歴史

P.133 ヨーロッパ世界の成立と発展

01 ルネサンス 02 コロンブス 03 バスコ＝ダ＝ガマ 04 宗教 05 マゼラン 06 鉄砲

07 フランシスコ＝ザビエル（ザビエル） 08 プロテスタント 09 イエズス 10 インカ

11 種子 12 ポルトガル 13 南蛮

P.135 織田信長・豊臣秀吉の全国統一

01 室町 02 長篠 03 安土 04 楽市・楽座 05 太閤検地 06 刀狩 07 兵農分離 08 朝鮮

09 鉄砲 10 豊臣秀吉 11 石高 12 天守（天守閣） 13 阿国 14 千利休

P.137 江戸幕府の成立と鎖国

01 関ヶ原 02 徳川家康 03 武家諸法度 04 ポルトガル 05 出島 06 鎖国

07 幕藩 08 参勤 09 親藩 10 譜代 11 外様 12 朱印 13 日本 14 島原・天草

15 オランダ 16 通信使 17 アイヌ 18 琉球

P.139 元禄文化と享保の改革

01 生類憐みの令 02 享保 03 備中ぐわ 04 千歯こき 05 五街道 06 西

07 三都 08 天下 09 蔵屋敷 10 町人 11 井原西鶴 12 近松門左衛門 13 浮世絵

14 徳川吉宗 15 目安箱 16 公事方御定書 17 商品作物 18 工場制手

19 百姓一揆 20 打ちこわし

P.141 学問の発達と幕府政治のくずれ

01 寛政の改革 02 ラクスマン 03 伊能忠敬 04 異国船打払令

05 大塩平八郎 06 天保の改革 07 蘭 08 解体新書 09 国 10 寺子屋 11 田沼意次

12 株仲間 13 松平定信 14 水野忠邦 15 江戸 16 歌川広重 17 葛飾北斎

P.143 ヨーロッパの近代化と開国

01 名誉 02 南京 03 南北 04 ペリー 05 和親 06 修好通商 07 権利章典（権利の章典）

08 独立 09 人権 10 清 11 領事裁判（治外法） 12 関税自主

中2社会の解答

P.145 明治維新

01 井伊直弼　02 薩長同盟　03 戊辰　04 版籍奉還　05 廃藩置県

06 学制　07 徴兵　08 地租　09 天皇　10 徳川慶喜　11 中央集権　12 小学校

13 兵役　14 地価　15 3　16 殖産興業　17 太陽　18 福沢諭吉

P.147 立憲政治の始まり

01 岩倉具視　02 征韓　03 板垣退助　04 自由民権　05 ロシア　06 朝鮮

07 西郷隆盛　08 沖縄　09 伊藤博文　10 大日本帝国憲法　11 西南　12 自由

13 立憲改進　14 天皇　15 臣民　16 貴族　17 25

P.149 日清戦争と日露戦争

01 領事裁判（治外法）　02 日清　03 下関　04 遼東（リアオトン）　05 八幡製鉄所　06 日英　07 ポーツマス

08 韓国　09 関税自主　10 中華民国　11 帝国　12 賠償金　13 足尾

THE
LOOSE-LEAF
STUDY GUIDE
2
FOR JHS STUDENTS

中2

国語

JAPANESE

THE LOOSE-LEAF STUDY GUIDE
★★
GAKKEN
-PLUS-

A LOOSE-LEAF COLLECTION
FOR A COMPLETE REVIEW OF ALL 5 SUBJECTS
GAKKEN PLUS

学習内容

漢字・語句	学習日	テスト日程
1 同音異義語・同訓異字		
2 敬語		

文法	学習日	テスト日程
3 活用する自立語（動詞・形容詞・形容動詞）		
4 活用しない自立語		
5 付属語（助詞）		
6 付属語（助動詞）		

詩歌	学習日	テスト日程
7 詩の鑑賞・短歌		

古典	学習日	テスト日程
8 古文の基礎知識		
9 漢文の基礎知識・漢詩		

TO DO LIST

やることをリストにしよう！重要度を☆で示し、できたら□に印をつけよう。

□ ☆☆☆　　　　　　　　　　□ ☆☆☆

□ ☆☆☆　　　　　　　　　　□ ☆☆☆

□ ☆☆☆　　　　　　　　　　□ ☆☆☆

□ ☆☆☆　　　　　　　　　　□ ☆☆☆

THEME 漢字・語句 **同音異義語・同訓異字**

同音異義語〈読み〉

01
王位を継承する。（財産・地位などを受け継ぐこと。）
社会に警鐘を鳴らす。（警告として人々の注意を促すもの。）
景勝の地を旅する。（景色が優れていること。）

> 「承」には、他に「ショウ」という音読みもあるよ。

02
演劇の衣装を新調する。（芝居などで着る衣服。）
作風に意匠を凝らす。（作品を作るときの趣向や工夫。）

03
指を軽く負傷する。（けがをすること。）
年齢不詳の人物。（詳しくはわからないこと。）
不祥事が発覚する。（嘆かわしく、好ましくないこと。）

04
平衡感覚を鍛えるトレーニング。（釣り合いが取れていること。）
交通の便の悪さには閉口した。（手に負えなくて困ること。）

同訓異字〈読み〉

05 いる
見学するには許可が要る。（必要である。）
青銅で釣り鐘を鋳る。（金属を溶かして型に流し込み、器物をつくる。）
節分の豆を煎る。（豆などを火であぶる。）

06 はかる
作業の合理化を図る。（計画して実現するように努める。）
委員会に諮る。（専門家などに意見を求める。相談する。）

07 しめる
蛇口をしっかりと締める。（強くねじって緩みのないようにする。）
反対者が多数を占める。（全体の中である割合をもつ。）
自分の首を絞めるような事態を招く。（首の周りに強い力を入れる。）

08 おかす
校則を犯す。（規則などを破る。）
神の教えを冒す。（神聖なものを汚して損なう。）
表現の自由を侵す。（他人の権利などを損なう。）

> 「侵す」は、同じ部分をもつ「浸」の訓読み「浸す（ひたす）」と読み間違えないようにね。

THEME 同音異義語・同訓異字

同音異義語〈書き〉

☐ カイホウ
- 校庭を＿＿＿する。[09]（自由に出入りさせること。）
- 病気がようやく快方に向かう。（病気などが良くなること。）
- 束縛から解放される。（制限などを解いて自由にすること。）

> 他に「介抱（病人の世話をすること）」という同音異義語もあるよ。

☐ セイサン
- 今までの過ちを清算する。（きれいに始末をつけること。）
- 交通費を＿＿＿する。[10]（金額などを細かく計算すること。）

☐ タイショウ
- 中学生を＿＿＿とした雑誌。[11]（働きかける相手。）
- 僕と友人は対照的な性格だ。（違いが際立っていること。）

> 他に「対称（互いに釣り合っていること）」という同音異義語もあるよ。

☐ カンシン
- 歴史に＿＿＿がある。[12]（興味をもつこと。）
- とても感心な心がけだ。（立派だと心を動かされること。）
- 寒心に堪えない事件だ。（恐れてぞっとすること。）

同訓異字〈書き〉

☐ おさめる
- 大統領が一国を＿＿める。[13]（統治する。）
- 高い収益を収める。（良い成績や成果を得る。）
- 学問を＿＿める。[14]（学問・技を修得すること。）
- 税金を納める。（金品を納入すること。）

☐ やぶれる
- シャツが＿＿れる。[15]（布などが裂けること。）
- 準決勝で敗れる。（戦いに敗北すること。）

☐ うつす
- 月が湖面に影を映す。（物の形や光を他の物の上に現す。）
- 風景をキャンバスに＿＿す。[16]（描写すること。）
- 空に視線を移す。（別の所へ動かす。）

☐ つとめる
- 劇の主役を務める。（任務や役割を果たす。）
- 問題の解決に努める。（力を尽くす。）
- 新聞社に＿＿める。[17]（会社などで仕事をすること。）

風景だから…こっち

物　映　写　す

THEME 漢字・語句 **敬語**

まだまだ ✓ そうそう ✓ ばっちり ✓

敬語

□ 敬語：話題の中の人物や話している相手などに対して、敬意を表す言葉。

敬語の種類

□ 01 ＿＿＿語：

話題の中の人物の動作や様子、関連する物事を高めて言うことで敬意を表す。

例 先生が話す。
↓
先生がおっしゃる。

□ 02 ＿＿＿語：

自分や身内の動作や状態をへりくだって言うことで、動作の受け手に敬意を表す。

例 私の父が話す。
↓
私の父が申し上げる。

□ 03 ＿＿＿語：

話の聞き手（読み手）への丁寧さを表す。

丁寧語に「お」「ご」などを付けて丁寧にする「美化語」もあるよ。

例 私が皆さんに話す。
↓
私が皆さんに話します。

敬語の組み合わせ

□ 04 ＿＿＿語＋丁寧語

「市長」に対する尊敬語
↑
例 市長が小学校の卒業式にご出席なさいます。
↓
聞き手（読み手）に対する丁寧語

□ 05 ＿＿＿語＋丁寧語

「先生」に対する謙譲語
↑
例 私が先生に式典の様子をお話しします。
↓
聞き手（読み手）に対する丁寧語

敬語の表現のしかた

尊敬語の表現のしかた

お（ご）〜になる

例 先生がお話しになる。

特別な動詞

例 会長が召し上がる。

〜れる・〜られる

例 先生が来06_____。

接頭語・接尾語

例 貴校　お客様

謙譲語の表現のしかた

お（ご）〜する

例 私がご案内する。

特別な動詞

例 お話を承る。

接頭語・接尾語

例 粗品　私ども

丁寧語の表現のしかた

〜です・〜ます

例 私が行き07_____。

〜で（て）ございます

例 あちらでございます。

接頭語

例 お花　ごちそう

⚠ 過剰な敬語表現

尊敬語の表現に、尊敬の助動詞「れる・られる」を重ねて使うのは誤り。

例 × お客様が食事を召し上がられる。　→　○ 召し上がる

× 先生がお話しになられる。　→　○ お話しになる

尊敬語と謙譲語の特別な動詞

普通の言い方	尊敬語	謙譲語
言う・話す	おっしゃる	*申す・申し上げる
食べる・飲む	召し上がる	いただく
見る	ご覧になる	08_____
くれる	09_____	
もらう		10_____
聞く		伺う・承る
する	11_____	*いたす
知る・思う		*存じる
行く・来る	いらっしゃる／おいでになる	*参る・伺う
いる	いらっしゃる／おいでになる	*おる

📎 **丁重さを示す謙譲語**

＊の謙譲語の動詞は、通常の受け手に対する敬意を表すものとは違い、普通は丁寧語「ます」を付けて、聞き手への敬意を表す。これらを特に「丁重語」ということもある。

例 私は田中と申します。

ありがたく存じます。

明日は家におります。

動詞

☐ 動詞：「どうする・どうなる・ある」などを表し、
言い切りの形が 01 ＿＿＿ 段の音で終わる。

> 活用の種類は、その動詞に付く助動詞の「ナイ」を付けると、見分けられるよ。

活用の種類

☐ 五段活用：活用語尾が ア・イ・ウ・エ・オの 02 ＿＿ 段の音に変化。　「ナイ」の直前はア段
☐ 上一段活用：活用語尾が 03 ＿＿ 段の音を中心に変化。　「ナイ」の直前はイ段
☐ 下一段活用：活用語尾が 04 ＿＿ 段の音を中心に変化。　「ナイ」の直前はエ段
☐ カ行変格活用（カ変）：カ行の音で、変則的に変化。「05 ＿＿＿」の一語だけ。
☐ サ行変格活用（サ変）：サ行の音で、変則的に変化。
「する」「〜する」（複合動詞）だけ。

活用形

☐ あとに続く言葉によって、未然形・06 ＿＿＿ 形・終止形・連体形・仮定形・命令形の六つに分かれる。

> サ変の未然形は「ナイ・ヌ・レル・セル」に続くよ。

動詞の活用表

活用の種類	基本形	語幹	未然形 ナイ・ウ・ヨウ	連用形 マス・タ・テ	終止形 言い切る	連体形 トキ・ノデ	仮定形 バ	命令形 命令して言い切る
五段活用	話す	はな	さ／そ	し	す	す	せ	せ
上一段活用	起きる	お	き	き	きる	きる	きれ	きろ／きよ
下一段活用	食べる	た	べ	べ	べる	べる	べれ	べろ／べよ
カ行変格活用	来る	○	こ	き	くる	くる	くれ	こい
サ行変格活用	する	○	さ・し・せ	し	する	する	すれ	しろ／せよ

THEME 活用する自立語（動詞・形容詞・形容動詞）

形容詞

□ 形容詞：「どんなだ」を表し、言い切りの形が「07_____」で終わる。

活用の種類と活用形

□ 活用の種類は 08_____ 種類。終止形と連体形が同じ形。09_____ 形がない。

□ 形容詞の活用表

基本形	活用形 / 語幹	未然形 ウ	連用形 タ・ナイ・ナル	終止形 言い切る	連体形 トキ・ノデ	仮定形 バ	命令形 命令して言い切る
暑い	あつ	かろ	かっ・うく	い	い	けれ	○

（吹き出し）三種類あるよ。

（吹き出し）命令形はなし。

形容動詞

□ 形容動詞：「どんなだ」を表し、言い切りの形が「10_____」「です」で終わる。

（吹き出し）「とてもきれいだ」と言えれば形容動詞！
○とてもきれいだ
×とても学生だ

活用の種類と活用形

□ 活用の種類は二種類で、どちらも 11_____ 形がない。「です」型には仮定形がない。

□ 形容動詞の活用表

基本形	活用形 / 語幹	未然形 ウ	連用形 タ・ナイ・ナル	終止形 言い切る	連体形 トキ・ノデ	仮定形 バ	命令形 命令して言い切る
元気だ	元気	だろ	だっ・で・に	だ	な	なら	○
元気です	元気	でしょ	でし	です	（です）	○	○

THEME 文法 活用しない自立語

名詞

□ 名詞：人・物・事柄などの名前を表し、「が」を付けて主語になる単語。

名詞の種類

□ 普通名詞：一般的な物事の名前を表す語。
> 例 先生・空・携帯電話・平和

□ 01＿＿：人・物事・場所・方向を指し示す語。
> 例 私・これ・あそこ

□ 02＿＿：人名や地名などを表す語。
> 例 東京タワー・福沢諭吉・アメリカ

□ 03＿＿：物の数・量・順序などを表す語。
> 例 一本・二枚・三番

□ 04＿＿：形式的・補助的に用いる名詞。
> 例 今から帰るところだ。

（平仮名で書くことが多いよ。）

形式名詞の使い方
直前に連体修飾語が付く。 例 じっくり考える こと が大切だ。

副詞

□ 副詞：様子・状態・程度を表し、主に単独で用言（動詞・形容詞・形容動詞）を修飾する単語。

副詞の種類

□ 状態の副詞：「どのように」を表す。
> 例 太陽がぎらぎら輝く。

□ 程度の副詞：「どのくらい」を表す。
> 例 荷物がずいぶん重い。

□ 呼応の副詞：受ける文節に決まった言い方がくる。
> 例 たぶん静かだろう。

（陳述の副詞・叙述の副詞ともいう。）

主な呼応の副詞
> 例 おそらく元気だろ05＿＿。
> 例 もし勝っ06＿＿、褒めてほしい。
> 例 まるで滝の07＿＿雨。
> 例 なぜ話を聞かないのです08＿＿。

THEME 活用しない自立語

連体詞

□ 連体詞：体言（名詞）を修飾し、「どの・どんな」を表す単語。

連体詞の主な型

型	例
「〜の」型	例 あの人が市役所だ。
「〜る」型	例 あらゆる書物を読みあさる。
「〜た・だ」型	例 たいした人物。／とんだ災難。
「〜な」型	例 それはおかしな話だ。
「〜が」型	例 わがチームが優勝だ。

連体詞の識別

例 大きいほうが、うちの犬だ。
→ 活用する自立語：09 ＿＿＿＿＿ 詞

例 大きな声で、ワンワンほえる。
→ 活用しない自立語：10 ＿＿＿＿＿ 詞

(連体形)

語尾が「〜い」か「〜な」かで見分ける。

接続詞

□ 接続詞：前後の文や文節をつなぎ、単独で接続語になる単語。

接続詞の種類

□ 11 ＿＿＿＿＿＿＿：前が原因・理由で、あとに結果がくる。　例 だから・したがって・すると
□ 12 ＿＿＿＿＿＿＿：前の事柄とは逆の内容があとにくる。　例 しかし・ところが・だが
□ 13 ＿＿＿＿＿・累加：前の事柄に並べたり付け加えたりする。　例 また・および・そして
□ 14 ＿＿＿＿＿・選択：前後の事柄を比べたり選んだりする。　例 あるいは・それとも・もしくは
□ 15 ＿＿＿＿＿・補足：前の事柄を説明したり補ったりする。　例 つまり・すなわち・なぜなら
□ 16 ＿＿＿＿＿＿＿：話題を変える。　例 ところで・さて・では

感動詞

感動詞は、だいたい文頭にあるよ。

□ 感動詞：感動・呼びかけ・応答・挨拶などを表し、単独で独立語になる単語。

例 ああ、今日は疲れた。【感動】

ねえ、こっちを向いてよ。【呼びかけ】

はい、私が行きます。【応答】

LOOSE-LEAF COLLECTION 2

THEME 文法 **付属語（助詞）**

助詞

□ 助詞：活用しない付属語。語と語の関係を示したり、意味を付け加えたりする単語。

助詞の文例

例 今日から｜休みだが、宿題だけは｜早く｜終わらせよう｜ね。

> 助詞は、一文節に複数ある場合もある。

助詞の種類

□ 01 ＿＿＿助詞：他の文節との関係を示す。

□ 02 ＿＿＿助詞：前後の文節を、さまざまな関係でつなぐ。

□ 03 ＿＿＿助詞：強調、限定など、さまざまな意味を添える。

□ 04 ＿＿＿助詞：主に話し手・書き手の気持ちや態度を文末に添える。

格助詞

□ 格助詞：主に体言（名詞）に付き、他の文節に対してどんな関係にあるのかを示す。

> 格助詞は、「鬼が戸より出、空の部屋」（を・に・が・と・より・で・から・の・へ・や）と覚えよう。

□ 格助詞と主な働き

格助詞	主な働き	文例
が	05 ＿＿＿語を示す。	例 大統領が来日するらしい。
に	06 ＿＿＿語（場所・目的など）を示す。	例 競技場に試合を見に行く。
から	連用修飾語（起点など）を示す。	例 友人から手紙が届く。
で	連用修飾語（手段・場所など）を示す。	例 目的地まで飛行機で行く。
より	連用修飾語（比較など）を示す。	例 僕は兄より背が高い。
を	07 ＿＿＿語（対象・場所など）を示す。	例 歴史についての書物を読む。
へ	連用修飾語（方向など）を示す。	例 北へ向かって旅立つ。
と	並立の関係を示す。／連用修飾語（対象など）を示す。	例 手と足を暖める。／弟と遊ぶ。
や	08 ＿＿＿の関係を示す。	例 水や食料を蓄えておく。
の	09 ＿＿＿語を示す。／体言の代用。	例 野球の選手。／姉のを借りる。

接続助詞

□ 接続助詞：主に活用する語（用言・助動詞）に付き、さまざまな関係で前後の文節をつなぐ

□ 主な接続助詞と働き

主な接続助詞	主な文例と働き
ば	例 今日勝てば、決勝進出だ。【仮定条件（順接）】
ので	例 雨が降ってきたので、試合は中止になった。【10　　　　（順接）】
が	例 雨が降ってきたが、試合を続けた。【逆接】
けれど	例 下手な絵だけれど、とても心を打たれる。【11　　　　】
ながら	例 考え事をしながら散歩する。【同時】

順接は、前に対しての当然こ内容が続く。逆接は、前に対して逆の内容が続く。接続のしかただ。

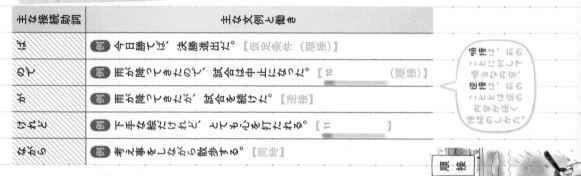

順接

逆接

副助詞

□ 副助詞：いろいろな語に付き、限定、強調などの意味を付け加える。

□ 主な副助詞と働き

主な副助詞	主な文例と働き	主な副助詞	主な文例と働き
も	例 私も食べたい。【同類】	など	例 本など買う。【13　　　　】
だけ	例 一口だけあげる。【12　　　　】	こそ	例 今年こそ勝つ。【14　　　　】
しか	例 少ししか残っていない。【限定】	ずつ	例 一つずつ配る。【割り当て】

終助詞

□ 終助詞：主に文末に付き、話し手・書き手の気持ちや態度を表す。

□ 主な終助詞と働き

主な終助詞	主な文例と働き	主な終助詞	主な文例と働き
な	例 部屋に入るな。【禁止】	よ	例 僕と帰ろうよ。【16　　　　】
か	例 誰が来ますか。【15　　　　】	なあ	例 きれいな海だなあ。【感動】

THEME 文法 付属語（助動詞）

助動詞

□ 助動詞：活用する付属語。用言（動詞・形容詞・形容動詞）・体言（名詞）・他の助動詞などに付き、意味を付け加えたり、話し手・書き手の気持ちや判断を表したりする単語。

助動詞の文例

例 彼には／話しかけ／られ／なかっ／た／が、／気持ちは／通じ／た／らしい。

> 助動詞は、一文節に複数ある場合もあるよ。

□ 助動詞の活用のしかた

例 家に帰りたい。 ➡

家に帰り 01 う。
家に帰り 02 た。
家に帰り 03 ない。
家に帰り 04 人。
家に帰り 05 ば、帰れ。

例 よく勉強した。 ➡

よく勉強し 06 う。
よく勉強し 07 人。
よく勉強し 08 、買ってやろう。

た｜家に帰りたくない。

□ 助動詞の活用表の例

基本形	未然形	連用形	終止形	連体形	仮定形	命令形
たい	たかろ	たかっ・たく	たい	たい	たけれ	○

> 助動詞の活用は、用言の活用に似ているもの（ここでは形容詞型）が多いよ。

基本形	未然形	連用形	終止形	連体形	仮定形	命令形
た	たろ	○	た	た	たら	○

> 助動詞には、特殊な活用をするものがあるよ。

基本形	未然形	連用形	終止形	連体形	仮定形	命令形
う	○	○	う	（う）	○	○

> 助動詞には、無変化型の活用をするものもあるよ。

助動詞の意味

助動詞	意味	文例
れる・られる	09	例 友人に相談される。
	可能	例 三杯は食べられる。
	自発	例 懐かしく感じられる。
	尊敬	例 先生が帰られる。
せる・させる	10	例 妹に行かせる。
ない・ぬ（ん）	否定（打ち消し）	例 明日まで待てない／待てぬ。
う・よう	推量	例 さぞ、美しかろう。
	11	例 私が真実を語ろう。
	勧誘	例 みんなで映画を見よう。
た	12	例 昨日は楽しかった。／昨日遊んだ。
	完了	例 任務は全て終了した。
	存続	例 壁に貼ったポスター。
	想起（確認）	例 これは私のだったね。
たい・たがる	13	例 ゆっくり休みたい／休みたがる。
ようだ・ようです	推定	例 外は寒いようだ。
	比喩	例 まるで夢のようだ。
そうだ・そうです	推定・様態	例 台風が上陸しそうだ。
	14	例 台風が上陸するそうだ。
らしい	15	例 海外に進出するらしい。
だ・です	断定	例 ここが私の家だ／家です。
ます	16	例 では、説明します。
まい	否定の推量	例 さすがに追って来られまい。
	否定の意志	例 二度と負けまいと誓う。

> 「自発」は、「自然に そうなる」という意味。

> 「た」は、音便形に付くと「だ」と濁ることがある。

> 「推定」とは、「根拠に 基づいた推量」のこと。

助動詞の接続による分類

未然形接続 → れる・られる・せる・させる・ない・ぬ（ん）・う・よう・*まい

連用形接続 → たい・たがる・ます・た・そうだ（推定・様態）

終止形接続 → らしい・そうだ（伝聞）・*まい

連体形接続 → ようだ　　*「まい」は動詞の活用の種類によって接続が異なる。

LOOSE-LEAF COLLECTION 2

No. 国語 JAPANESE

Date

THE LOOSE-LEAF STUDY GUIDE GAKKEN PLUS

THEME 詩歌 詩の鑑賞・短歌

まとめ！　もくじ　ぽっぷり

詩の種類

言葉による分類

□ 文語詩：文語（歴史的仮名遣いをもとにした書き言葉）で書かれた詩。

□ 01_____：口語（現代語）で書かれた詩。

> 現代では、文語は主に詩・短歌・俳句などの韻文で見られるよ。

形式による分類

形式	特徴
02_____	音数や行数にきまりのある伝統的な詩。
03_____	音数や行数にとらわれず、自由な形式で作られた詩。
散文詩	散文（＝通常の文章）形式で書かれた詩。

> 短歌・俳句も定型詩の一種だよ。

📎 主な詩の種類（言葉による分類と、形式による分類を組み合わせる。）
文語定型詩：文語で書かれた定型詩。　口語自由詩：口語で書かれた自由詩。

詩の表現技法

詩の主な表現技法

□ 詩の実例

□ 直喩（明喩）：「（まるで）〜のようだ」などを用いてたとえる。
例 太陽のような笑顔

□ 隠喩（暗喩）：「（まるで）〜のようだ」などを用いずに直接たとえる。
例 宝石の輝きをもつ瞳

□ 04_____法：人以外のものを人に見立ててたとえる。
例 そよ風がそっとささやく

□ 05_____：主語・述語などの語順を普通とは逆にして強調する。
例 まっすぐ進め／自分の道を

詩の実例

紙風船　黒田三郎

落ちてきたら

今度は
もっと高く
もっともっと高く

何度でも
打ち上げよう　……倒置

美しい
願いごとのように　……直喩（明喩）

（『黒田三郎詩集』
（思潮社）より）

言葉・形式 ➔ 06_____ 詩

短歌の形式

□ 短歌：五・七・五・七・七の、五句〔07〕_____音によって、作者の感動や心情を表現した定型詩

上の句			下の句	
初句	二句	三句	四句	結句

例　草わかば　色鉛筆の　赤き粉の　ちるがいとしく　寝て削るなり　　北原白秋
五音　七音　五音　七音　七音

□ 句切れ：歌の途中で、意味の切れる部分。

例　草わかば色鉛筆の赤き粉のちるがいとしく寝て削るなり　　北原白秋　→　初句切れ

白鳥は哀しからずや空の青海のあをにも染まずただよふ　　若山牧水　→〔08〕_____切れ

牡丹花は咲き定まりて静かなり花の占めたる位置のたしかさ　　木下利玄　→〔09〕_____切れ

金色のちひさき鳥のかたちして銀杏散るなり夕日の岡に　　与謝野晶子　→〔10〕_____切れ

短歌の作り方

□ 題材を決める：自然の様子や、自分の体験・思い出などを題材として書き出す。

例　劇の発表会で裏方の仕事を頑張った。クラス全員が協力して楽しかった。

□ 短文を作る：題材の中で最も伝えたいことを短い文にしてみる。

例　発表会は全員が主役だから、裏方の仕事でも頑張ろう。

□ 短歌のリズムに合わせる：五・七・〔11〕_____・七・〔12〕_____の音数に
合わせて言葉を選び、言葉を並べる。

例　裏方の　仕事だけど　頑張ろう　発表会は　みんなが主役
五　七　五　七　七

（吹き出し）句切れの位置を考えて作ってみよう。この短歌は三句切れだね。

語句の音数の数え方

・「っ（促音）」を含む語…それだけで一音と数える。

例　ゆっくりと（ゆ・っ・く・り・と）→〔13〕_____音

・「や・ゆ・よ（拗音）」を含む語…直前の音と合わせて一音と数える。

例　京都のお寺（きょ・う・と・の・お・て・ら）→〔14〕_____音

THEME 古典 古文の基礎知識

歴史的仮名遣い

□ 歴史的仮名遣い：現代の仮名遣いに対して、古文で使われる仮名遣い。

□ 歴史的仮名遣いの原則

古文での表記	読み方の原則	語例
語頭以外の は・ひ・ふ・へ・ほ	わ・い・う・え・お	例 いふ → 01 ___ 　食はず → 食わず / にほひ → におい
ゐ・ゑ・を	い・え・お	例 ゐなか → 02 / ゆゑ → 03
ぢ・づ	じ・ず	例 もみぢ → 04 / めづらし → めずらし
くわ・ぐわ	か・が	例 くわじ → 05 / にぐわ → にが
au・iu・eu・ou	ô・yû・yô・ô	例 かうべ → 06 / ちうや → ちゅうや

> ⚠ 「は・へ」の読み方
> 語頭の「は・ひ・ふ・へ・ほ」は、そのまま八行音で読むが、助詞の「は・へ」は、現代仮名遣いと同様に「わ・え」と読む。 例 花桜 → はなざくら ／ 春はあけぼの。 → わ

係り結び

□ 係り結び：文中にある一定の係助詞が用いられると、疑問や反語、強調を表す。そのときに、文末が本来の終止形とは異なる活用形に変わる関係。

> 「反語」とは、疑問の形で逆の意味を強調する表現のことだよ。

□ 係り結びの法則

係助詞	文末（結び）	意味	文例（現代語訳）
ぞ	連体形	強調	例 万の遊びをぞしける。(さまざまな遊びをした。)
なむ	07 ___	強調	例 もと光る竹なむ一筋ありける。(根元が光る竹が一本あった。)
や	連体形	疑問・反語	例 ほととぎすや聞き給へる。(ほととぎすの声は聞きなさったか。)【疑問】
か	連体形	疑問・反語	例 いづれか歌を詠まざりける。(歌を詠まないものがあろうか、いや、ない。)【反語】
こそ	08 ___	強調	例 尊くもおはしけれ。(尊くていらっしゃった。)

古語の意味

☐ 古文特有の語句の例

古語	意味	文例（現代語訳）
いと	09_____・非常に	例 いとをかし。（たいそう趣がある。）
おはす	いらっしゃる・お越しになる	例 とくおはせよ。（早くお越しください。）
げに	実際に・10_____	例 げにしかり。（本当にそのとおりである。）
さらなり	もちろんだ・いうまでもない	例 月の頃はさらなり。（月の出ている頃はいうまでもない。）
つきづきし	似つかわしい・ふさわしい	例 いとつきづきし。（たいそう似つかわしい。）
つとめて	11_____	例 冬はつとめて。（冬は早朝がいちばん良い。）
ゆかし	知りたい・関心を引かれる	例 ゆかしかりしかど……。（知りたかったが……。）

☐ 現代とは意味が異なる語句の例

古語	現代語の意味	古語の意味
あやし	気味が悪い・疑わしい	不思議だ（怪し）／身分が低い（賤し）
ありがたし	感謝したい気持ちだ	めったにない・難しい
うつくし	美しい	12_____・いとしい
もてなす	接待する	珍重する・大切にする
けしき	風景	様子・態度・顔色・趣
ののしる	悪口を言う	大声で騒ぐ
おどろく	びっくりする	13_____・気づく

古典常識

☐ 月の異名

春	夏	秋	冬
一月：睦月	四月：卯月	七月：文月	十月：神無月
二月：如月	五月：皐月	八月：葉月	十一月：霜月
三月：弥生	六月：水無月	九月：長月	十二月：14_____

旧暦では、一〜三月が春、四〜六月が夏、七〜九月が秋、十〜十二月が冬にあたるよ。

THEME 古典　漢文の基礎知識・漢詩

漢文

- □ 漢文：主に中国古来の、漢字のみで書かれた文章のこと。
- □ 01 ＿＿＿＿＿：漢字だけで書かれた元の文。

  例　一寸光陰不可軽

- □ 訓読文：白文に訓点（句読点・送り仮名・返り点）を付けて、読み方を示したもの。

  例　一寸光陰不可軽

  > 送り仮名は、片仮名で入れて、漢字の左下に送り点は漢字の右下に入れるよ。

- □ 02 ＿＿＿＿文：訓読文を漢字仮名交じり文に書き直したもの。

  例　一寸の光陰軽んずべからず。

  > 書き下し文は、日本の文語文で書かれているよ。

主な返り点

- □ 03 ＿＿＿＿：下の一字を先に読み、上の字に返ることを示す。

  例　好レ学。　➡　04 ＿＿＿＿＿＿＿＿＿

- □ 05 ＿＿＿＿：下の二字以上を先に読み、上の字に返ることを示す。

  例　在二山河一。　➡　06 ＿＿＿＿＿＿＿＿＿

- □ 上・（中・）下点：一・二点のある部分を挟んで、さらに上の字に返ることを示す。

  例　有下朋自二遠方一来上。　➡　朋遠方より来たる有り。

📎 書き下し文の原則

日本語の助詞・助動詞にあたる漢字・送り仮名は平仮名にする。

例　一寸光陰不可軽　➡　一寸の光陰軽んずべからず。

例　有朋自遠方来　➡　朋遠方より来たる有り。

漢詩

- □ 漢詩：中国の昔の詩。一般に、唐の時代以降の、句数や字数に制限がある定型詩を指す。

> 他に、句数や字数などのきまりがゆるやかな「古体詩」があるよ。

漢詩の形式

- □ 絶句：四句（四行）からなる詩。
  - 一句が五字：07 ＿＿＿＿＿
  - 一句が七字：08 ＿＿＿＿＿

- □ 律詩：八句（八行）からなる詩。
  - 一句が五字：09 ＿＿＿＿＿
  - 一句が七字：10 ＿＿＿＿＿

漢詩の構成

- □ 絶句の構成（五言絶句の場合）

○○○○○ 起句　（第一句）：情景を歌い起こす。
○○○○○ 11＿＿句　（第二句）：起句をうけて、発展させる。
○○○○○ 12＿＿句　（第三句）：内容を一転させる。
○○○○○ 13＿＿句　（第四句）：全体をまとめて結ぶ。

> 律詩の場合は、二句ごとで四つのまとまりになって「起・承・転・結」を表すよ。

漢詩の技法

- □ 14＿＿＿＿：特定の句の末尾を同じ響きの音(韻)でそろえるきまり。「韻を踏む」ともいう。

例　絶句　杜甫

江　碧　鳥　逾　白
山　青　花　欲　然　(nen)
今　春　看　又　過
何　日　是　帰　年　(nen)

➡ 五言絶句は、二句と四句の末尾に押韻

> 押韻は、漢字を音読みしてみると、だいたいかなにするとわかることが多いよ。

P.157 同音異義語・同訓異字

01 けいしょう　02 いしょう　03 ふしょう　04 へいこう　05 い（る）　06 はか（る）　07 し（める）

08 おか（す）　09 開放　10 精算　11 対象　12 関心　13 治（める）　14 修（める）　15 破（れる）

16 写（す）　17 勤（める）

P.159 敬語

01 尊敬　02 謙譲　03 丁寧　04 尊敬　05 謙譲　06 られる　07 ます　08 拝見する　09 くださる

10 いただく　11 なさる

P.161 活用する自立語（動詞・形容詞・形容動詞）

01 ウ　02 五　03 イ　04 エ　05 来る　06 連用　07 い　08 一　09 命令　10 だ　11 命令

P.163 活用しない自立語

01 代名詞　02 固有名詞　03 数詞　04 形式名詞　05 う　06 たら　07 ような　08 か　09 形容　10 連体

11 順接　12 逆接　13 並立　14 対比　15 説明　16 転換

P.165 付属語（助詞）

01 格　02 接続　03 副　04 終　05 主　06 連用修飾　07 連用修飾　08 並立　09 連体修飾　10 理由（原因）

11 逆接　12 限定　13 例示　14 強調　15 疑問　16 勧誘

P.167 付属語（助動詞）

01 たかろ　02 たかっ　03 たく　04 たい　05 たけれ　06 たろ　07 た　08 たら　09 受け身　10 使役

11 意志　12 過去　13 希望　14 伝聞　15 推定　16 丁寧

P.169 詩の鑑賞・短歌

01 口語詩　02 定型詩　03 自由詩　04 擬人　05 倒置　06 口語自由　07 三十一　08 二句　09 三句　10 四句

11 五　12 七　13 五　14 七

P.171 古文の基礎知識

01 いう　02 いなか　03 ゆえ　04 もみじ　05 かじ　06 こうべ　07 連体形　08 已然形

09 とても（たいそう）　10 本当に　11 早朝　12 かわいい　13 目が覚める　14 師走

P.173 漢文の基礎知識・漢詩

01 白文　02 書き下し　03 レ点　04 学を好む　05 一・二点　06 山河在り　07 五言絶句　08 七言絶句

09 五言律詩　10 七言律詩　11 承　12 転　13 結　14 押韻